栄東中学・高等学校

SAKAE HIGASHI SCHOOL GUIDE
JUNIOR & SENIOR HIGH SCHOOL

競泳世界ジュニア大会→金メダル
背泳ぎ→ハワイ、ペルー大会２連覇

国際地理オリンピック→銀メダル
国際地学オリンピック→銀メダル
気象予報士試験合格

最年少!! 15歳(中3)
行政書士試験合格

全国鉄道模型コンテスト
理事長特別賞

東京オリンピック第４位
アーティスティック スイミング

チアダンス
東日本大会優勝

栄東の誇るサメ博士
サンシャインでトークショー

栄東のクイズ王
東大王 全国大会 日本一!!

産経国際書展 U23大賞

〒337-0054 埼玉県さいたま市見沼区砂町2-77（JR東大宮駅西口 徒歩８分）
◆アドミッションセンター TEL：048-666-9288 FAX：048-652-5811

早稲田アカデミー 中学受験を決めたその日から

サクセス12

今月号の表紙

写真◉アフロ

CONTENTS

04 **首都東京の安全・安心を守る、『警視庁通信指令センター』**

08 Premium School **桐朋中学校** 互いを認めあう仲間とともに 個性を伸ばし大きく成長する

16 世の中のなぜ？を考える **社会のミカタ**

18 **世の中まるごと見てみよう！**

20 **お仕事見聞録** 三菱鉛筆株式会社 吉田 和則さん

24 **ちょっと深掘り 日本の昔話**

26 Close up!! 青山学院横浜英和中学校

30 のぞいてみよう となりの学校 淑徳与野中学校

34 公立中高一貫校リポート さいたま市立 大宮国際中等教育学校

40 ようこそ サクセス12図書館へ

72 森上展安の中学受験WATCHING

80 疑問がスッキリ！ 教えて中学受験

86 NEWS2023「生成AI」

92 親子でやってみよう 科学マジック

96 熟語パズル・問題

104 私立中学の入試問題にチャレンジ

109 熟語パズル・解答

ココロとカラダの特集

44 子どもを伸ばす子育てのヒント㊺ **子どものわがままを大事にしよう！**

48 親の悩み 子どもの本音

50 シリーズ ドラえもんでわかる **子どもの人間関係を育む方法④**

52 **子育ての参考書『犯罪心理学者は見た危ない子育て』**

54 親子でココロとカラダに効く呼吸法 たまった疲れをはきだす「トカゲのポーズ」

55 子どもたちは今 保健室より

56 **ココロのインタビュー はしのえみ**［タレント］

128 **福田貴一先生の福が来るアドバイス**

130 **これ、ナンだ！？**

132 海外生・帰国生に関する教育情報

134 サクセス動物園 トド

137 由来はなんだろう？ 食にまつわることわざ・慣用句

138 東大生が（小学生のころ）読んだ 忘れられないこの１冊

140 個性あつまれ！ みんなのパレット

141 クイズ・プレゼント

首都東京の安全・安心を守る、
『警視庁通信指令センター』

交通事故や事件に遭遇したとき、私たちが最初に電話をかけるのが「110」、いわゆる110番通報です。今回は、110番通報した後、なぜ、短時間で警察官が現場に到着することができるのか。さらには、「はい、110番警視庁です。事件ですか。事故ですか」と質問されたときにどう答えたら良いのかなど、通信指令本部長の湯浅誠さんにお話を伺いました。

都内からの110番を受理する『警視庁通信指令センター』

警視庁には、23区と島しょ部からの110番を受理する『本部指令センター』と、多摩地区からの110番を受理する『多摩指令センター』があります。

どちらのセンターも、かかってきた110番の電話を受ける「110番受理担当者」、警察署やパトカー・交番などにいる警察官に指令を出す「無線指令担当者」、そして、重要事件が発生した際の指揮などを行う「指揮台担当者」が連携しながら、迅速に事件や事故の解決に取り組んでいます。つまり、『警視庁通信指令センター』とは、110番の受理と現場にいる警察官への指令を行っている部署です。

（写真提供　警視庁）

110番通報から警察官が現場に到着するまで

毎日数多くの110番を受理している『警視庁通信指令センター』。当然ながら365日24時間休むことなく、110番を受理することから、3つの係が交代で勤務しています。ちなみに、『本部指令センター』では、8時30分~17時15分までの日勤勤務は概ね25名、15時~翌日10時までの当番勤務は概ね30名です。

『警視庁通信指令センター』では、2022年の1年間で約187万7000件、1か月平均だと約15万6000件。1日平均で、なんと約5100件を受理したことになります。そのうち約8割は事件、事故など警察官の臨場《りんじょう》を必要とするもので、残りの約2割は悩みごとや相談、いたずらなど、警察官の臨場を必要としないものでした。

本部指令センター

警視庁本部庁舎の4階にある『本部指令センター』。面積は約740平方メートル（約224坪）で、幅24.8メートル、高さ3.5メートある巨大スクリーンに向かって右側に110番受理台20台、中央に指揮台2台、左側に無線指令台13台を配置。

巨大スクリーンの左側は、主に［無線指令担当者］が活用する緊急配備などに関する情報を、中央は警視庁管内全体を表示した地図、右側は主に［110番受理担当者］が活用する110番入電状況を表示しています。大事件が発生したときなどは、事件現場からの映像、防犯カメラの映像、ヘリコプターで上空から撮影した映像などを任意の場所に表示することで、『本部指令センター』における情報の共有化を図っています。

指揮台担当者

重要事件が発生した場合に全体を掌握《しょうあく》し、［無線指令担当者］や［110番受理担当者］に対して犯人の早期確保に向けた指揮を行います。

無線指令担当者

警察署や警察官に110番指令を行います。前面にあるモニターに［110番受理担当者］が書き込む通報内容や通報場所付近の地図、さらには付近にいるパトカーの位置やパトカーのカメラ画像が表示されるので、それを見ながら管轄警察署や発生現場の近くのパトカーにいる警察官などに無線指令を行います。

110番受理担当者

110番通報を受理し、通報内容を聞きながら、手元にある書き込み用のタブレットに記載。［無線指令担当者］と情報を共有します。

110番を受理すると机に取り付けられたランプが緑色に点灯。しかし、重要事件になりそうな通報内容であれば、［110番受理担当者］は重要ブザーを押すことでランプを赤に点灯させるとともに、［指揮台担当者］にも連絡。情報を全員で共有することで、組織として犯人の早期確保を目指します。

『警視庁通信指令センター』から無線指令を受けると……

『警視庁通信指令センター』からの無線指令を受けた管轄署の交番やパトカーにいる警察官は、すぐに発生現場に急行。ヘリコプターや巡視船も捜査に加わる場合もあります。また警察署においても、無線指令を受け次第、通報内容の画面を確認して、急行中の警察官に対して無線により詳細な指示を行います。

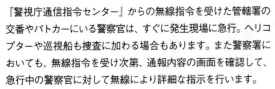

一つひとつの１１０番通報に真摯に対応します！

―『警視庁通信指令センター』の役割について教えてください

いうまでもありませんが、１１０番通報は、困っている人や助けを求めている人と警察を最初につなぐためのものです。

『警視庁通信指令センター』では、２０２２年中は、1日平均約５１００件の１１０番通報を受理しており、その通報に伴い、速やかに警察官を向かわせるという重要な任務を担っています。

―常に最新機器が導入されているようですが、特筆すべきものがあれば教えてください

『警視庁通信指令センター』では、情報通信に関する技術の進歩、新たな機器の開発などに伴い、これまでさまざまなシステムを導入してきました。その結果、現在、１１０番を受理した際に「１１０番受理担当者」が記載、入力した通報内容は、『警視庁通信指令センター』内だけでなく、パトカーに設置してあるモニターや交番で勤務する警察官が持つ業務用携帯電話にも送信され、現場警察官と瞬時に情報共有が図れるようになりました。さらに近年では、パトカーに搭載してあるカメラで撮影した映像をリアルタイムで『警視庁通信指令センター』や警察署で見ることのできるシステムも導入しています。

今後も、情報通信に関する技術の進歩や社会情勢を見極め、現場の警察官が的確な警察活動が展開できるようなシステムや機器を導入する予定です。

―『警視庁通信指令センター』はどんなときでも１１０番通報を受理できるのでしょうか?

『警視庁通信指令センター』では、どんな災害時にも１１０番通報を受理できるよう、さまざまな対策が取られています。

ひとつは、たとえ周辺全域が停電した場合でも機器が止まらないよう、電源は常に無停電電源装置を経由して供給されています。さらに、停電が復旧しない場合は、庁舎の非常用発電機を起動させ、最低3日間は電力の供給が継続されるようになっています。また、床には免震装置が組み込まれているので、地震による大きな揺れが発生した場合でも、揺れが大幅に軽減され、１１０番受理や無線指令ができるようになっています。

また、『本部指令センター』では、常に20回線までの接続が可能。大きな災害などが発生した場合は、多数の１１０番が同時に入電することがありますが、通報内容に共通することが多いため、必要最小限の内容を聴取し、速やかに次の１１０番に応答するようにしています。もしも皆さんがそんな大災害時に１１０番する際は、必ず順番につないでいきますので、切らずにそのまま待っていてください。

――東京都内の安全を守るために最も大切なことは何ですか？

まず、警察が都民や国民の皆さんに信頼される存在であること、つまり、頼りにされる組織であることが最も重要だと考えています。

そのうえで、『警視庁通信指令センター』が与えられた役割をきちんと果たすためには、都民の皆さんからの110番通報を素早く確実に読み解く技能を職員が身に付けなければなりません。だからこそ、『警視庁通信指令センター』に配置される警察官は、別の部署で勤務していた際、110番受理や無線指令の素養が認められた者ばかりであり、職員全員が常に訓練を重ね、高い技術を維持できるように努力しています。

ちなみに、『警視庁通信指令センター』で勤務している職員のなかには、警察官以外に警察行政職員の電気技術職がいます。電気技術職は、今や通信指令業務に必要不可欠な「通信指令システム」の維持管理、新たな機能の導入に向けた研究などを行う専門職として業務にあたっています。将来、電気や情報に関する知識を都民、国民の方々のために役立てたいと思うならば、ぜひ、警察行政職員を目指してはどうでしょうか。

――もっとも大変だったイレギュラーな出来事は？

私が通信指令本部長に就任する以前のことにはなりますが、2011年3月11日の東日本大震災のときです。その日は、1日で約8000件もの110番通報がありましたが、全職員が使命感を持って、すべての110番を確実に無線指令することができたと聞いています。

――職員の方々に伝えられている思いなどがあればお聞かせください。そのうえで、これから取り組んでいきたいことを教えていただけますか？

日々、職員に伝えているのは、「警察にとって初動は命。その中核は通信指令である」です。そして、指令三則「迅速・的確・思いやり」を常に忘れずに勤務する大切さも伝えていることのひとつです。

通信指令本部長である私の仕事は、「都民国民の生命、身体、財産を守る」という緊張感のある仕事に従事する職員が、常に適切な対応ができるよう、働きやすい勤務環境をつくることです。さらに受理や指令が適切であったかを随時検証し、職員の資質、技能の向上を図ることも大切な仕事と捉えています。

これからも、「どの110番通報も困っている方がかけてきているもの」、このことを忘れず、一つひとつの110番通報に対して真摯に対応し、都民国民の安全・安心を守りたいと思っています。そのためにも、通信指令を担う人材育成の強化に引き続き取り組んでいきたいと考えています。

（2023年7月14日（金）取材）

Interviewer

湯浅 誠さん

警視庁地域部 通信指令本部長

1964年生まれ。1987年4月、警視庁採用。2017年2月、葛飾警察署長に就任。2019年2月、科学捜査研究所長に就任。2020年2月、刑事総務課理事官に就任。2021年2月、警察大学校刑事教養部教授に就任。2023年2月、通信指令本部長に就任し、現在に至る。

110番は緊急時のダイヤルです！

すぐに警察官に来てほしいときは110番!!

Q どんなときに110番通報すればよいの？

A 泥棒の被害や知らない人から声をかけられたとき、交通事故に遭ったとき、そのほか、警察官にすぐ駆けつけてほしいときなどには、迷わずに110番通報してください。

Q 110番通報したときは何を伝えるの？

A いつ、どこで、何があったのか、けが人の有無、犯人などについて、［110番受理担当者］が質問します。聞かれたことに落ち着いて答えてください。

Q 場所はどのように伝えればいいの？

A 住所がわかる場合は、正しい住所を伝えてください。わからない場合は、交差点の名前や近くの建物の名前など、目標となるものを伝えてください。もしも目印になるものが見つからない場合は、「標識の管理番号」「信号機の管理番号」「電柱の住所表示」「自動販売機の住所表示」などを見て伝えてください。

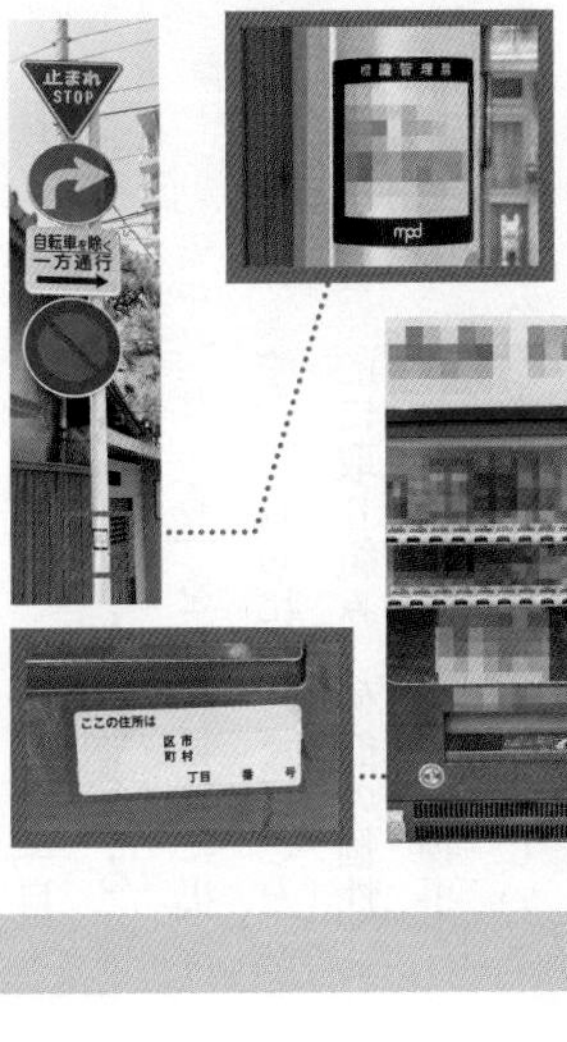

Premium School

桐朋《とうほう》中学校

◆東京都　◆国立市　◆男子校

互いを認めあう仲間とともに 個性を伸ばし大きく成長する

ありのままの自分でいられる環境で、伸びのびとした学校生活を送れる桐朋中学校。通常の授業に加え、知的好奇心を満たす桐朋独自の「特別講座」など多彩な学びが展開されています。

生徒と教員の間に生まれる信頼関係

桐朋中学校（以下、桐朋）は「自主的態度を養う」「他人を敬愛する」「勤労を愛好する」を教育目標に掲げています。これらには、なにごとにも自発的に取り組み、仲間の個性を認め、人のために汗を流し、物事に誠実に向きあう人になってほしいとの思いが込められています。1人ひとりがこうした姿勢を養うことでよりよい集団が形成され、さらに個々の成長が促されると、桐朋では考えています。

個性を尊重する姿勢は、日々の指導においても大切にされており、生徒を集団としてみるのではなく、1人ひとりの成長を丁寧に見守ります。加えて、授業以外にも様々な学びの場を提供することで、異なる興味関心を持つ生徒たちにできる限り応えようとしています。

生徒はこうした思いを持つ教員に大きな信頼を寄せており、休み時間や放課後になると、職員室を訪れる姿が多く見られます。授業内容についての質問をする生徒以外にも、ただ教員と話がしたいとやってくる生徒がいることから、その関係性が読み取れます。

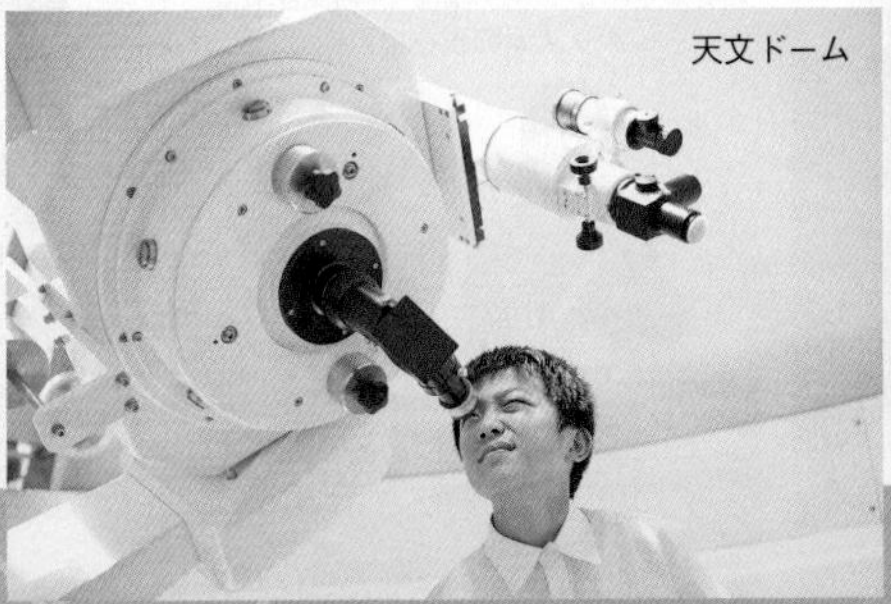
天文ドーム

グラウンド

プラネタリウム

体育館

みや林

校内には開校以来大切にされている「みや林」が広がり、自然の豊かさが感じられる環境です。口径40㎝反射望遠鏡を備えた天文ドームや6万5000冊がそろう図書館、広々としたグラウンドなどの施設を存分に活用し、桐朋生は様々な力を養っています。

教えあい学びあい 物事を深く理解する

授業において意識されているのは、正解のみを追い求めるのではなく、1つひとつの学習内容を深く理解することです。

例えば国語では、ある文章について班ごとに担当部分を決め、その解釈を発表します。中1では自分の考えを論理立てて説明できない生徒も多いそうですが、クラスメイトや教員のサポートでみんなが成長し、学年が上がると活発な議論が生まれるようになるといいます。

数学では答えを導き出したところで終えるのではなく、つねにほかの解法がないかを検討します。複数の解法を知ることで、その問いが持つ意味をより深く知ることが可能になります。

こうした学びあいは高校でも継続されており、高校の英語では、それぞれが英作文を作り発表する際、自信を持って工夫した部分、自信がない部分についても言及します。クラスメイトのアドバイスを取り入れることで、ブラッシュアップしていくのです。

だれもがためらわずに意見を言い、互いを高めあえる環境は、教育目標の1つ、他人を敬愛する精神が、生徒に浸透している表れといえるでしょう。

知的好奇心を満たし 学ぶ楽しさを知る

すでにお伝えしたように、多彩な学びの機会が用意されているのが桐朋です。代表的なものとして、学年の枠を越えて実施される希望者対象の「特別講座」があげられます。教員がそれぞれの専門性や興味を活かして開講するもので、基本的には年10回など複数回連続して同じテーマで学びます。

その魅力は、自らの関心を深められる、ということだけではありません。「生徒に○○について知ってほしい」「生徒とともに△△について学びたい」という思いを持つ教員の姿から、学ぶ楽しさを体得することができるのです。

英語科の教員と外国人講師、国語科の教員が合同で開講したのは「村上春樹とチャンドラー　翻訳と文体づくり」です。レイモンド・チャンドラーの『The Long Goodbye』を題材に、原文と村上春樹による日本語訳、さらにはほかの訳者による日本語訳とも比較し、みんなで意見を出しあいながら、その文体を楽しんだ

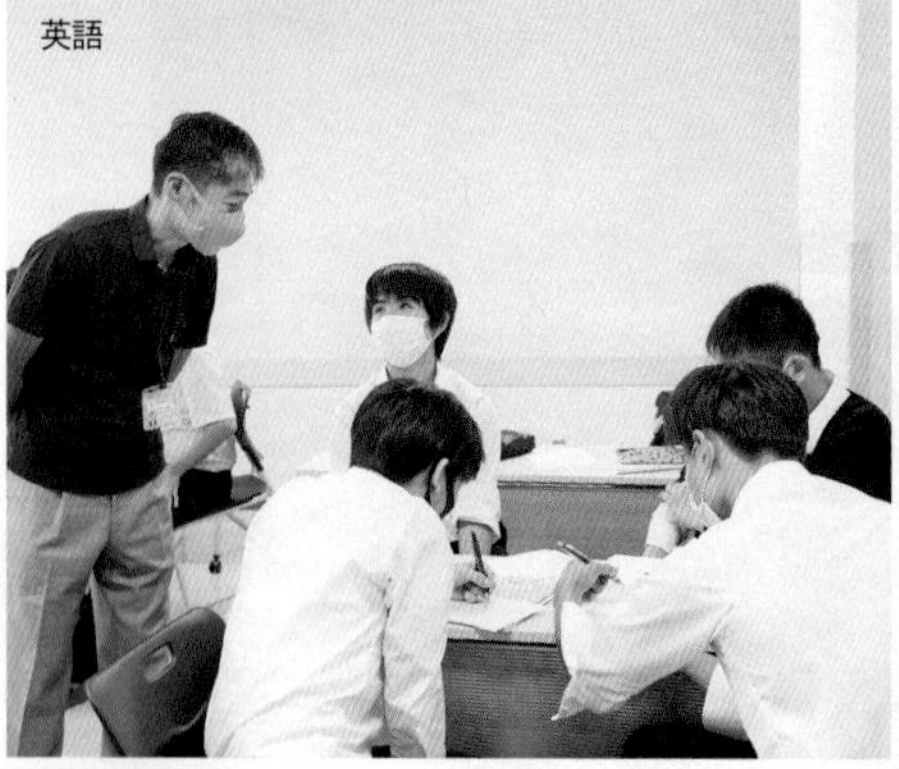
英語

数学

卒業生による特別講座：「新聞記者とジャーナリズムの現在と可能性」

生物

特別講座：梅干しづくり～伝統の保存食を知る～

生徒同士が教えあい、学びあう光景が日常的に見られます。知的好奇心を刺激する多彩なテーマがそろう「特別講座」では、高校生といっしょに学ぶ機会もあります。ときには卒業生が講師を務める講座も開かれます。

といいます。

「現代天文学入門『宇宙生命論』」では校内にあるプラネタリウムや天文ドームも活用、「ガロア理論」では普段の数学の授業では扱わない問題に挑戦するなど、そのテーマは多種多様です。

加えて、昨年度からは「より気軽に参加してほしい」との思いから、1回で完結する短期特別講座も実施されるようになりました。団地暮らしの魅力を追究する講座、ウクライナとロシアの戦争を歴史的な背景から考察する講座、梅干し作りに挑戦する講座など、短期特別講座も色々なテーマがそろい、多くの生徒が参加しています。

梅干し作りをする講座では、国立市で農業を行う卒業生が梅を提供しました。その卒業生は、都市での農業を活かした街づくりにも取り組んでおり、その話を聞くことで、生徒は都市での農業についても考えたといいます。このように、1つのテーマからほかの分野に学びが広がっていくのも特別講座の魅力といえます。

桐朋生のためだけの国際交流プログラム

視野を広げる機会として、国際交流プログラムも用意されています。コロナ禍においては中止が続いていたものの、今年は再開することとなり、多くの生徒が参加を希望しています。

イギリスのケンブリッジ大学で実施される語学研修は、桐朋の教員と現地のコーディネーターが連携して作成した桐朋ならではのプログラムです。

大学の寮で過ごすだけでなく、現地をめぐるなどして、英語力の向上をめざすとともに、イギリスの文化についても学びます。サポート役であるケンブリッジ大学の学生と触れあえるのも大きな魅力でしょう。

卒業生の温かな支援で将来の可能性を見出す

進路指導においては、卒業生の協力が大きいといいます。中学段階ではまず、卒業生の講演を聞いて職業観を養っていきます。

そして高校生になると、高1で「在校生・卒業生懇談会」が実施されます。10年前に高校を卒業した、異なる分野で活躍する先輩たちが30人ほど集まります。クラスごとに、5～6人の卒業生から近い距離で話を聞けるため、将来の様々な可能性を見出すことができます。さらに高2では、大学や研究施設で研究活動を行う卒業生と触れあう機会も設けられています。

加えて、卒業生の職場を訪ねるプログラムや、医療関係の職に就いている卒業生が行う医学部進学希望者に向けたプログラムもあります。

また、近年同窓会による在校生への支援制度「ゆめチャレンジプロジェクト」もスタートしました。個人、グループどちらでも応募が可能で、書類、プレゼンテーションなどの審査を経て選抜されると、同窓会から最大で30万円の研究資金が提供されます。

これまで選抜された生徒たちは、二足歩行ロボットの製作にチャレンジしたり、北海道にシマフクロウを観察しにいったりと、研究資金を有効に活用しています。

このように桐朋では、卒業生も生徒に向けて様々な支援を行っています。そのサポートを受けた生徒は卒業後に、今度は自分が在校生をサポートする、そんな卒業生と在校生とのつながりが次々に生まれるのが、桐朋という学校の特徴です。

生徒にしっかりと向きあい、その成長を心から願う教員、そして卒業生に見守られながら、桐朋生は伸びのびと個性を磨き、大きく成長していきます。

母校、そして在校生への温かな思いを持つ卒業生たちが、様々な形でサポートを行っています。

在校生・卒業生懇談会

医学部進学希望者に向けたプログラム

試行錯誤を重ね、責任感を持って企画・運営をする行事を通じて、生徒はリーダーシップやフォロワーシップなど多くの力を身につけます。

運動会

林間学校

スポーツ大会

クラスの日※

※クラスの日＝中1、中2がクラスごとに行う伝統行事。生徒が主体となって行き先から実施内容までを決定。

interview

〈校長先生インタビュー〉

「自律的な学習者」となって好きなことを追究してほしい

桐朋中学校　原口《はらぐち》 大助《だいすけ》 校長先生

個々のよさを見つけ「スイッチ」を押す

Q原口先生は桐朋の卒業生だそうですね。在校当時と現在とを比べて、学校の雰囲気は変わりましたか。

【原口先生】ずっと変わらずに、互いの個性を認めあう文化があると感じています。そうした雰囲気だからこそ、だれもが自らの個性をありのままに表現して、毎日を過ごせるのでしょう。1人がつねにリーダーを務めるのではなく、この場面ではこの生徒、次はあの生徒、とそれぞれが力を発揮できる場面があるのも、桐朋のよさだと思います。

Q日々の教育で意識されていることはなんでしょうか。

【原口先生】どの生徒にも必ずいいところがありますから、彼らがその力を発揮できる「スイッチ」を押してあげることが教員の役割だと考えています。一度そのスイッチが入れば、生徒は私たちの想像を超えて成長していってくれます。

スイッチを入れるためには、まず彼ら自身が「やってみよう」と関心を持ち、「きっとできる」と自らの可能性を信じることが必要です。興味を示す対象は生徒によって異なりますから、できる限り色々なプログラムを用意したいと考えています。

Q生徒さんには、どのような姿勢で日々の学びに臨んでほしいとお考えですか。

【原口先生】「自律的な学習者になろう」と伝えています。便利な世の中ですから、様々な学習コンテンツがあり、受け身の姿勢でいてもきっと多くの知識を身につけられるでしょう。しかし、自身の道を切り拓いていくためには、主体性を持って学び、試行錯誤するなかで自分なりの学び方を見つける必要があると思います。そうして身につけた力は、きっと応用が利くはずです。

主体性を持って学校生活に臨む

Q御校は行事が盛んです。コロナ禍では、どのように実施されましたか。

【原口先生】残念ながら例年通りにいかないことも多かったのですが、制限を受けながらも実施していくなかで、改めて生徒の行動力やたくましさを見た思いです。

原口 大助 校長先生

例えば桐朋祭（文化祭）は、もともと生徒が企画を考えて教員に提案するという形を取っていました。コロナ禍においても生徒の姿勢は変わらず、ときには他校がどのように開催しているかのデータも集めながら教員を説得し、実現してきました。コロナ禍の状況に応じ、２０２０年はオンラインで、２０２１年は生徒と教員のみで、２０２２年からは一般の方も招いて実施し、今年は食べものを扱う屋台も再開しました。中1から高1まではコロナ禍の影響で屋台の経験がありません。運営の中心となる高2は、中1のときに経験しているので、そのノウハウを下級

桐朋祭（文化祭）

みや林での鳥の研究

生に伝えるためにも、屋台の再開を要望してきたのです。

　自分たちの楽しみだけを追求せず、下級生のことも考えられる、そんな彼らの姿に成長を感じました。与えられたものをこなすのではなく、仲間と力を合わせて作り上げていく行事は、生徒に責任感を芽生えさせ、充実感をもたらします。

Q生徒さんには、どんな6年間を過ごしてほしいと思われますか。

【原口先生】なにかに挑戦したいという気持ちがあれば、ぜひチャレンジしてほしいですね。そうした生徒の活動によって、教員の方が教えられることも多くあります。

　現在高3のある生徒は、入学したその日からずっと、校内にある「みや林」で鳥を撮影・観察してきました。その数、なんと約120種です。現在東京都では360種ほどが確認されているようですから、約3分の1の種が本校で羽を休めているのです。みや林は、在校生、卒業生、教員、みんなにとって大切なものではありますが、そこまでの大きな価値があるものだとは知りませんでした。この生徒が新たな桐朋の価値を気づかせてくれたと感じています。

　「青年は教えられるより、刺激されることを欲す」。これはゲーテの言葉です。生徒を見ていると、その意味を実感します。桐朋では、今後も生徒の好奇心を刺激する様々なプログラムを実施していきます。これから入学してくる生徒も、それらのプログラム、本校が持つ施設、環境を大いに活用して、それぞれが好きなものを見つけ、追究していってくれることを願っています。

Toho

音楽部

学校説明会〈要予約〉

9月16日(土)　9月30日(土)
11月25日(土)

校内見学会〈要予約〉

11月26日(日)

※日程は変更の可能性があります。
詳細は事前に学校HPでご確認ください。

桐朋中学校

所在地：東京都国立市中3-1-10
アクセス：JR中央線「国立駅」・JR南武線「谷保駅」徒歩15分またはバス
生徒数：男子のみ787名
TEL：042-577-2171
URL：https://www.toho.ed.jp/

写真提供：桐朋中学校　※写真は過年度のものを含みます。

この1校!

共立女子中学校

KYORITSU GIRLS' Junior High School

東京　千代田区　女子校

タイアップ記事

高2選択授業で「共立探究実践」開始！

2022年度から学園全体で始まった「共立リーダーシップ」開発。総合的な学習（探究）として中1からスタートしています。今年度からは高2の選択授業で、さらに本格的な取り組みがスタート。前期は後期の企業とのPBLに向け、多様なコミュニケーションスキルを磨きました。

共立リーダーシップ

共立女子は、女性の地位がまだまだ低かった明治19年（1886）に、社会で自立して生きるための職業技能を身につけるという目標の下、立場や専門の異なる34名が協力して作り上げた共立女子職業学校に由来します。この創立の姿勢は、その場に応じて1人1人が自分の強み（リーダーシップ）を発揮し、お互いを助けあう、21世紀型の権限なきリーダーシップの先駆けといえるでしょう。

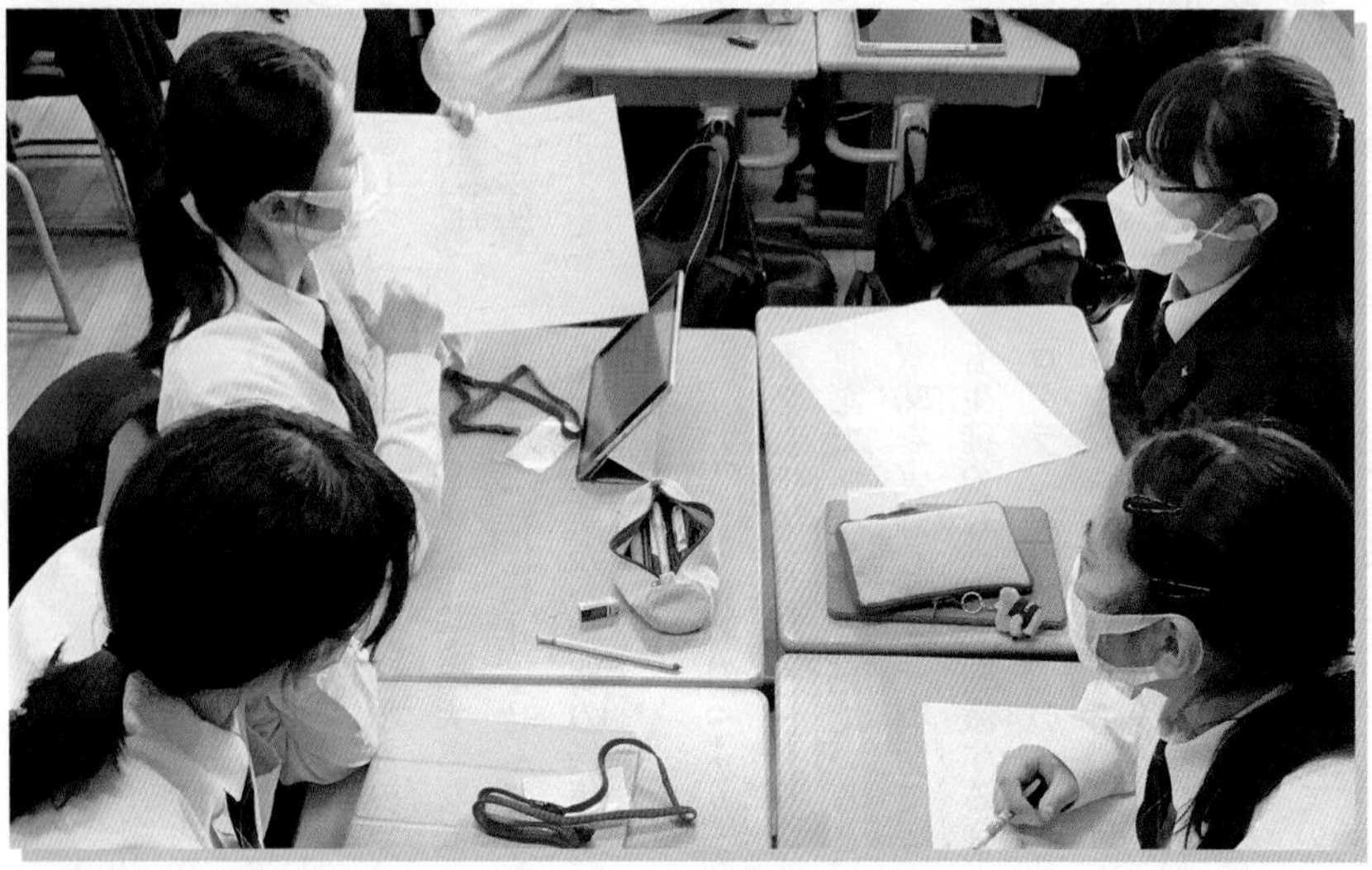

基本的に毎回チームのメンバーはシャッフル。まず最初は自己開示を意識した自己紹介から

そこで、これまで脈々と受け継がれてきた精神を「共立リーダーシップ」として言語化し、幼稚園から大学院まで学園全体で様々な取り組みを通じてより強固にしていくことになりました。様々なワークを通じて自分のリーダーシップに気づき、さらに伸ばしていくことで、自己肯定感や自己有用感を育みたいと願っています。

高2「共立探究実践」

高2から文系・理系に分かれ、「食物」や「フランス語」「中国語」など選択科目が非常に幅広くなる共立女子。今年度からはそこに教育や社会の変化を見据えた、初の7時間目授業「共立探究実践」も加わりました。

履修に当たっては授業内容の説明会参加を必須とし、「毎回リアクションペーパーを提出してもらいます」「主体的に授業に参加する人が履修してください」といった説明があったにもかかわらず、予想を遥かに上回る70名の履修希望が提出されました。

そこで、共立女子大学でもリーダーシップ開発授業を担当する金井先生と学年主任の広川先生、学年副主任の丸投先生の三人体制で、2クラス編成のチームティーチングによる授業を展開することになりました。金井先生によれば、「教科も役職も違う3人のチームはまさに『共立リーダーシップ』の体現ですね。毎週1時間ほどのミーティングを経て、授業に臨んでいます」とのことです。

「えんたくん」を使用中。輪になって座ることで距離感を縮め、対等な関係を作りやすくします

共立女子中学校

KYORITSU GIRLS' Junior High School

所 在 地■東京都千代田区一ツ橋2-2-1
アクセス■都営三田線・新宿線・地下鉄半蔵門線「神保町駅」徒歩３分、
地下鉄東西線「竹橋駅」徒歩５分、JR中央・総武線「水道橋駅」徒歩15分
生 徒 数■女子のみ980名　電話■03-3237-2744

フィードバック上手になろう

日本人はフィードバックが苦手であると言われます。「ダメ出し」「批判」というイメージが強すぎるのかも知れません。しかし、もともとフィードバックとは「受け手に有益な情報を送ることにより、その人のパフォーマンスを上げることをめざす」ものです。そこで、この日はゲーム的なグループワークのあと、あえてポジティブなフィードバックだけを交換し合ってみました。ポイントは「嬉しかった」などの感想ではなく、「状況・行動・影響」の項目に沿った具体的なフィードバックにすることです。

☆生徒の感想「あまり人から自分のよい部分を受け取る機会がないので、客観的にどう思われているか知ることができてよかった」「意外とみんな私のことを見ているんだと思って嬉しかった」「私が積極的で明るいという印象を持たれていることに驚いた」

受講姿勢として、アクティブリスニングと拍手は必須

質問力を上げよう

リーダーシップ開発では、質問する力をとても大切にします。たとえば、日本ではまだまだ目上の人に提案するのは難しいことが多いですが、質問という形を使えばスムーズに進みやすくなります。また、質問は疑問点の解消だけでなく、相手に興味があるというサインやお互いの考えを深める役割もあります。この日は「オープンクエスチョン」「クローズドクエスチョン」を意識し、使い分けながら正解にたどり着くゲームに取り組みました。

☆生徒の感想「質問はわからないことを聞くだけでなく、発言しやすい環境を作ることを学びました」「何か行き詰まったときに、質問を投げかけることで状況が変わるかも知れないとも思った」「相手の気持ちや状況を考えて、答えやすく話が続きやすいように質問するとよい」

考え方の癖を知ろう

この日は、エニアグラムを用いて自分の思考の癖を発見するワークでした。エニアグラムとは、人の性格を9つの類型でとらえる心理学の一種です。まず90問のテストを用いて、自分がどのタイプになるかを探り、次に同じタイプで集まって、「①自分たちの象徴イラスト ②3つのよいところ ③言われてやる気が出ること ④言われてやる気がなくなること」の共通点を見つけていきました。集まったメンバーを見て、むしろ周りの友だちから「納得」という声が多く上がっていました。

☆生徒の感想「自己主張できないのをマイナスに捉えていたが、『平和をもたらす人』としてプラスに考えることができるのを学んだ」「同じタイプで集まると話しやすいし、楽しかった」「実は自分と違うタイプとチームになった方が、色々な意見が出てよいのではないかと思いました」

エニアグラムの結果で、同タイプのメンバーが集まり、自分たちの特徴を解説

世の中のなぜ？を考える
社会のミカタ 38

このコーナーでは日本全国の自治体が独自に制定している「条例」を取り上げて解説します。
「この条例はなぜつくられたのか？」を、一緒に考えてみましょう！
地域の特性や歴史的な背景を探ることで社会に対する見方を学ぶことができます。

新潟県《にいがたけん》●佐渡市《さどし》
「ネイチャーポジティブ宣言」

今回紹介するのは新潟県佐渡市で表明された宣言です。佐渡市は新潟県の佐渡島《さどがしま》全域を市域としています。2004年に島内の旧10市町村が合併して誕生しました。周りを海に囲まれていて、隣接する他の自治体はないということになりますよね。航路では、新潟県の新潟市（新潟港）ならびに上越市《じょうえつし》（直江津港《なおえつこう》）と結ばれていますよ。佐渡島は日本の離島（北方領土を除く）のなかで最大の島です。面積は約855平方キロメートルになり、東京23区の約1.4倍で、同じ離島の淡路島《あわじしま》と比べても約1.4倍に当たります。東京23区（約627平方キロメートル）と淡路島（約592平方キロメートル）が、だいたい同じ広さだということも覚えておきましょう。神話が記された日本最古の歴史書である『古事記《こじき》』によると、イザナギ神とイザナミ神によって生み出された最初の島が淡路島であり、7番目が佐渡島ということになっていますからね。

佐渡島の特徴的な形を思い浮かべてください。アルファベットの「S」や、雷のマークに例えられる形ですよね。北に大佐渡山地、南に小佐渡山地、この二つの間を「キュッと」しぼるようにつないでいるのが国中平野になります。大佐渡山地の方が標高は高く、佐渡島の最高峰である金北山《きんぽくさん》（1172メートル）も、その中にあります。国中平野の西側には真野湾、東側には両津湾が入り込んでいて、「キュッと」しぼったように見えるのですね。真野湾には国府川が注ぎ、「佐渡米」として有名な水稲栽培が盛んに行われています。両津湾沿いには新潟県最大の湖である加茂湖があります。加茂湖は浜名湖《はまなこ》や宍道湖《しんじこ》と同じ、海水と淡水が入り交じる「汽水湖《きすいこ》」なのです。

気候はおおむね三分され、大佐渡

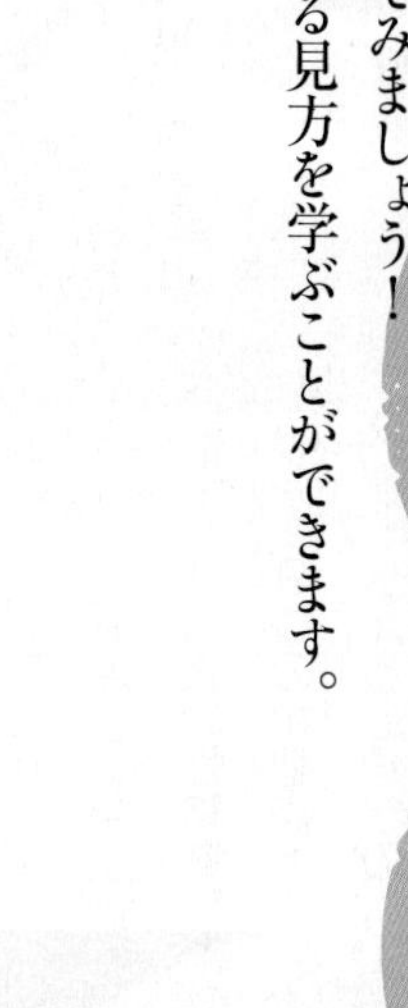

早稲田アカデミー 教務企画顧問
田中としかね
東京大学文学部卒業、東京大学大学院人文科学研究科修士課程修了。
著書に『中学入試日本の歴史』『東大脳さんすうドリル』など多数。
文京区議会議員。第48代文京区議会議長、特別区議会議長会会長を歴任。

山地の北側は日本海からの季節風の影響を受け、冬には積雪があります。一方、小佐渡山地の南側は比較的温暖で積雪は少ないのです。そして、両山地の中間部である国中平野では、文字通りその中間くらいの気候となっているのです。特別豪雪地帯に指定されている新潟県の本土側と比較すると、佐渡島は沖合を暖流の対馬海流《つしまかいりゅう》が流れている影響で冬の気温が1～2度ほど高くなり、積雪は少ないほうだといえるのです。

さて、佐渡の歴史を語るうえで欠かせないのは「流罪《るざい》」にまつわるエピソードです。701年の大宝律令《たいほうりつりょう》の制定によって「五罪」（五つの刑罰）が設定されました。「流罪」はそのうちの一つで、「死罪」の次に重い罪になりますよ。罪人を遠く離れた土地や島に送る刑で、時の権力に背いた重要人物に科せられるケースが見受けられます。例えば、鎌倉幕府打倒を掲げて挙兵した「承久《じょうきゅう》の乱《らん》」では、首謀者である後鳥羽上皇《ごとばじょうこう》とそれに協力した子である順徳《じゅんとく》天皇（1221年には順徳上皇になっています）が「流罪」に処されています。後鳥羽上皇は隠岐《おき》に、順徳天皇は佐渡に送られました。隠岐に流された後鳥羽上皇がつくった和歌は有名ですよね。「我こそは新島守よ隠岐の海の荒き波風心して吹け」です。

『立正安国論《りっしょうあんこくろん》』を著して鎌倉幕府を批判した日蓮宗《にちれんしゅう》の祖である日蓮も、八代執権北条時宗《ほうじょうときむね》によって佐渡に流されています。さらに『風姿花伝《ふうしかでん》』を記し、日本の能文化に大きな影響を与えた世阿弥《ぜあみ》も、六代将軍足利義教《あしかがよしのり》の怒りを買い佐渡に流されています。佐渡市の公式観光情報サイトには、この3人が「流刑となった歴史上の人物」として取り上げられているのですよ。

江戸時代に入ってからは、徳川家康《とくがわいえやす》が佐渡島の鉱山に注目しました。金や銀が採れることが判明すると、開発を進めて幕府の貴重な財源として活用するようになったのです。現在、世界遺産の登録を目指した活動が進められている「佐渡島の金山」ですね。

さて、そんな佐渡市が2022年10月23日に発表したのが「ネイチャーポジティブ佐渡島宣言」になります。「ネイチャー（Nature）」というのは「自然」という意味、「ポジティブ（Positive）」というのは「前向き、プラスの状態」という意味です。「ネイチャーポジティブ」で「自然再興」となり「自然や生物多様性の損失に歯止めをかけ、回復軌道に乗せること」を意味していますよ。世界的に生物多様性の保全が叫ばれ、「2030年までに生物多様性の減少傾向を食い止め、回復に向かわせる」という地球規模の目標が掲げられているなかで、佐渡市としても生物多様性保全に向けた取り組みを積極的に推進する決意を示す内容になります。

佐渡市は宣言のなかで「1981年に野生絶滅したトキを2008年に野生復帰させ、現在569羽」にした実績などを挙げ、まさに「ネイチャーポジティブ」を実践していることをアピールしています。また佐渡市は、トキとの共生を目指した「生きものを育む農法」や棚田などの風景、伝統的な農文化などが評価され、2011年に日本で初めて世界農業遺産にも認定されています。認定された農業遺産システム名は「トキと共生する佐渡の里山」です。佐渡市は、2022年12月にカナダのモントリオールで開かれた「COP15」（国連生物多様性条約第15回締約国会議）で、環境省が設けたブースにおいて、こうした生物多様性の保全に向けた取り組みを世界に向けて紹介しました。

これを受けて、政府も、2023年3月31日に「生物多様性国家戦略2022-2023」を閣議決定し、「30 by 30（サーティ・バイ・サーティ）」という、2030年までに陸と海の30パーセント以上を健全な生態系として効果的に保全しようとする目標を掲げましたよ。

今月のキーワード

地理的要素 ● 汽水湖　世界農業遺産

歴史的要素 ● 『古事記』『立正安国論』

公民的要素 ● 環境省　閣議決定

時事的要素 ● COP15　30by30

それぞれの要素から、今月取り上げた条例に「逆算的」にたどり着けるか、考えてみよう！

花火玉の大きさ
ススムくん
何でも知りたがる
小学生の男の子
ユメちゃん
ふむふむ考える
小学生の女の子

ススムくん&ユメちゃんの

世の中まるごと見てみよう！

花火博士《はかせ》になろう！

今年の夏は大きな花火大会がたくさんあったね！ すっごくきれいだったなあ

打ち上げ花火のしくみや花火大会についていろいろ教えてもらったから、みんなにも紹介するよ！ 答えを考えながら読んでみてね

今回は
公益社団法人　日本煙火協会
専務理事 河野晴行《こうのはるゆき》さん
に教えていただいたよ！

＼ホント？／＼ウソ？／ 花火のしくみ編

＼ホント？／ 花火玉は、金属の器のなかに火薬を詰めてつくる。＼ウソ？／

花火玉のなかには、主に二種類の火薬が入っています。一つは花火の色を表現するための「星」と呼ばれる火薬で、もう一つは上空で花火玉を広げ、星に火を付けるための「割り火薬」です。これらの火薬を、半球形の**紙でできた容器**に隙間なく詰めていき、二つの容器を組み合わせて一つの玉の形にします。星の並べ方によって、打ち上がったときの花火のかたちが決まります。

正解は…　**ウソ**

花火玉の構造

花火づくりは、そのほとんどが職人さんによる手作業なんだって

＼ホント？／ 一番大きな花火玉は、直径1メートル以上。＼ウソ？／

最も大きな「40号玉（四尺玉《よんしゃくだま》）」と呼ばれる花火玉は、なんと直径**114センチメートル**！　空中で開くと、その直径はスカイツリーより大きい750メートルにもなります。40号玉は、日本でも限られた花火大会でしか見られません。

正解は…　**ホント**

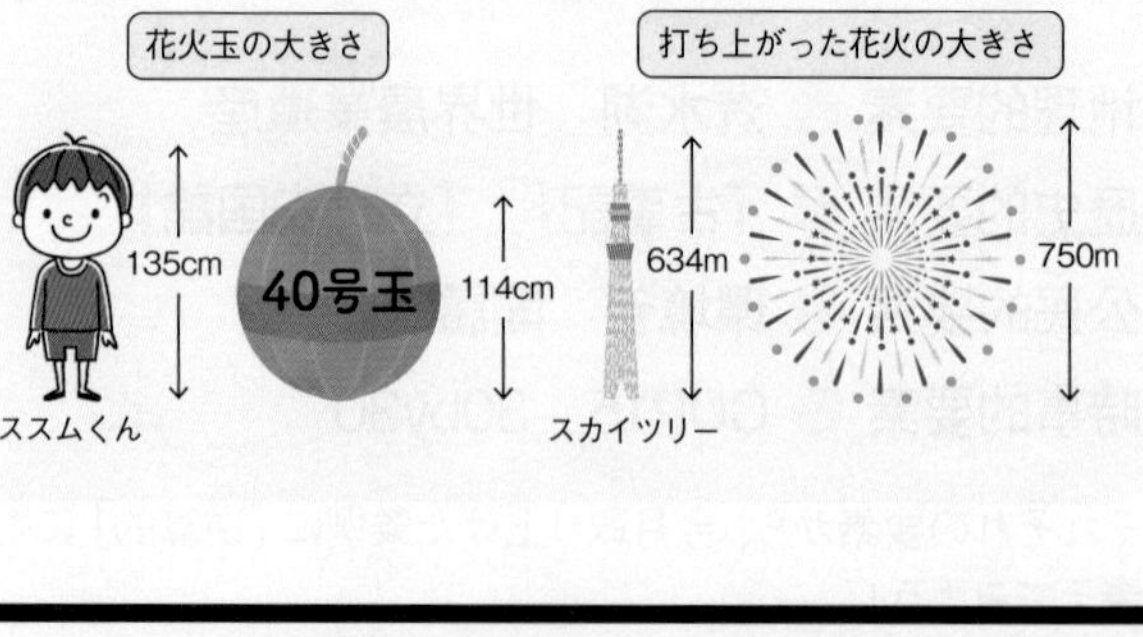

ススムくん＆ユメちゃんが勉強してみた！

花火の色のつくり方

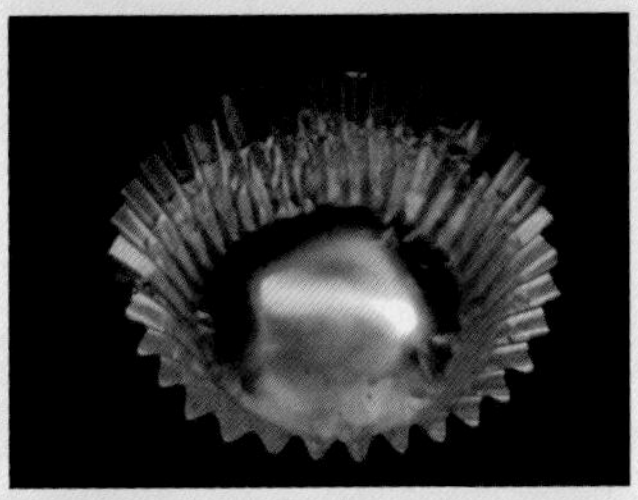

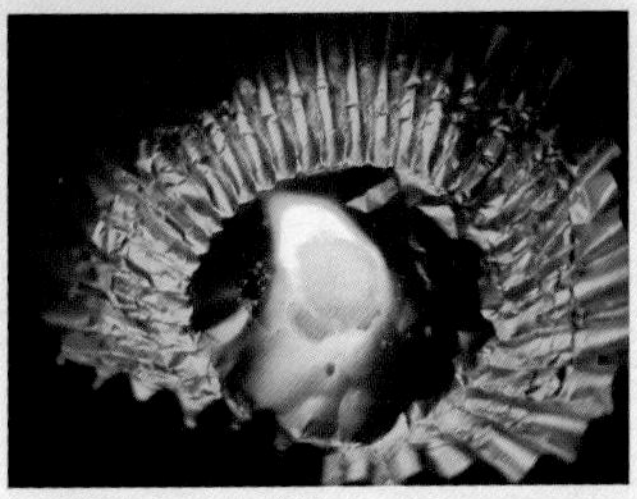

わあ、きれい！ 炎の色が三つとも違うね。どうしてだろう……温度が違うのかな？

実は、いろいろな物質を混ぜて燃やしているんだ。これがカラフルな花火のひみつなんだよ

花火は、いろいろな物質を配合した『星』を花火玉のなかに入れることで、カラフルな色を表現しているんだ

花火の色と含まれる物質

- …炭酸《たんさん》ストロンチウム
- …硝酸《しょうさん》バリウム
- …シュウ酸《さん》ナトリウム
- …酸化銅《さんかどう》

ふむふむ、花火がカラフルになったのは、海外からいろいろな物質が輸入されるようになった明治時代からなんだね

今では10色以上を表現できるようになったんだって！

ホント？ ウソ？ 花火大会編

＼ホント？／ 夏に花火大会が多いのは、夏の方がきれいに見えるから。＼ウソ？／

実は、花火は空気が乾燥している**冬の方がきれいに見えます**。夏に花火大会が多い理由は、花火の歴史に関係しています。江戸時代におもちゃ花火が流行すると、町中で火事が多発する騒ぎに。そこで幕府は町中での花火を禁止し、隅田川の河口付近の船上でのみ花火の使用を許可しました。一方、隅田川では夏になると、暑さを避けるために船で川遊びをする「納涼船《のうりょうせん》」の文化がありました。この文化と花火が結び付き、花火が夏の風物詩として定着していったのです。

正解は… **ウソ**

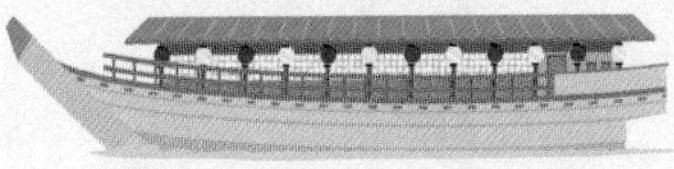

今は冬の花火大会もあるし、スキー場やアミューズメントパークでも見られるよね！

＼ホント？／ 花火大会の打ち上げ準備にかかる期間は、約1週間。＼ウソ？／

花火は、打ち上げるための火薬が入った筒に花火玉をセットし、導火線に火を付けて打ち上げます。昔は1発ずつ職人さんが手で火を付けていましたが、今はコンピューター制御《せいぎょ》で行うことが多くなりました。といっても、筒に花火玉をセットするのは今も変わらず手作業。天候の変化や万一の事故を避けるため、何万発もの花火を打ち上げる大会でも、打ち上げ準備は原則として**全て当日に行われます**。

正解は… **ウソ**

とにかくスピード勝負、でもミスは絶対許されない。集中力と花火師さん全員の協力が大切なんだ

花火の玉名《ぎょくめい》

花火には、そのかたちをもとにそれぞれ「玉名」と呼ばれる名前が付けられています。

牡《ぼ》丹《たん》

椰《や》子《し》

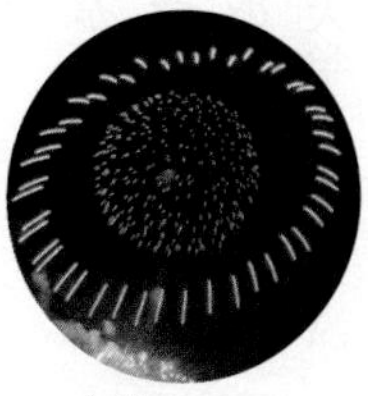

土星《どせい》（型物）

芯入千輪菊《しんいりせんりんぎく》

取材協力

公益社団法人　日本煙火協会

〒103-0013 東京都中央区
日本橋人形町2-4-9
TEL. 03-5652-7855(代表)
http://www.hanabi-jpa.jp/

多くの人に花火をより安全に楽しんでもらうため、花火に関する研修や指導教育活動、おもちゃ花火の検査などに取り組む協会です。

＼河野さんより／

夜空に花火が咲くのはほんの一瞬。その一瞬をつくるために、多くの人たちが1年を通して努力を重ねています。誰かと一緒に花火を見て感動したり「きれいだね」と話をしたり……そんなひとときが、皆さんの思い出に残ってくれたらうれしく思います。

お仕事見聞録

「働く」とは、どういうことだろう…。さまざまな分野で活躍している先輩方は、なぜその道を選んだのか？ 仕事へのこだわり、やりがい、そして、その先の夢について話してもらいました。きっとその中に、君たちの未来へのヒントが隠されているはずです。

商品開発担当者

三菱鉛筆株式会社

吉田　和則 さん

PROFILE

2000年3月、西南学院高等学校卒業。2004年3月、慶應義塾大学文学部美学美術史学専攻卒業。同年4月、三菱鉛筆株式会社入社、物流統括部へ配属。2013年4月より商品開発部に異動し、シャープペンおよびシャープペン替芯を担当。その後、ITソリューションセンターを経た後、2019年4月、商品開発部に再異動。同商品カテゴリーを担当、現在に至る。

—三菱鉛筆とは？

三菱鉛筆株式会社は、ボールペン、シャープペン、サインペン、鉛筆といった筆記具と、筆記具周辺の商品を製造、販売している会社です。

1887年に、創業者である眞崎仁六が「日本にも鉛筆を普及させたい」と思い、日本で初めて鉛筆の工業生産をしたことから事業がはじまりました。その後、1958年に発売した鉛筆『uni（ユニ）』や、今年40周年を迎える『ポスカ』、〝クセになる、なめらかな書き味。〟が特徴の『ジェットストリーム』、今年15周年の『クルトガ』など、多くのヒット商品を世に送り出してきました。

「違いが、美しい。」という企業理念に基づき、〝書く・描く〟ことを通じて、世界中のあらゆる人々の生まれながらに持つ違いを表現するお手伝いをしていきたいと考えています。

—三菱鉛筆に就職しようと思ったきっかけは？

私は絵を描くことが好きだったので、慶應義塾大学文学部美学美術史学専攻に進学し、美術史を学びました。とはいっても、大学で得た知識をそのまま仕事で生かすというよりも、ぼんやりと新聞記者や雑誌記者など、活字に関わる仕事に就ければと考えていました。

そして、就職活動するようになってからは、新聞社や出版社だけではなく、文具が好きだったことから筆記具メーカーも就職先として意識するようになりました。書く・描くという文化活動を支える筆記具は具体的にイメージしやすく、また、新商品を作り多くの人々に届けるのはおもしろそうだと思ったからです。複数の筆記具メーカーを受けるなかで、会社や先輩方の雰囲気に惹かれて三菱鉛筆に入社を決めました。

—【商品開発担当者】の仕事について教えてください

私たち【商品開発担当者】の仕事は、さまざまな種類の筆記具の新商品をお客さまに届けることを通じて、三菱鉛筆の商品ブランドの魅力を高めていくことです。

三菱鉛筆の数ある商品のなかで、私が担当しているのは、シャープペンおよびシャープペン替芯です。具体的な仕事の流れとしては、まず市場調査などを通じて、「お客さまはこんな商品を求めているのではないのか」という仮説を立てます。次に、例えばユーザーの不満を解消するアイデアを盛り込むなど、仮説に基づいて商品企画を立案します。その後、デザインや技術、生産などを担当する社内の他部門メンバーや外部の協力会社の方を巻き込みながら商品化を進めていきます。

なお、発売後も、商品の売れ行きやお客さまの反応などを見ながら、商品ブランド育成のための対応を行うのも【商品開発担当者】の仕事です。

―ひとつの商品が完成するまでにどれくらいの期間が必要ですか？ 同時進行で複数の商品開発を行うのでしょうか？

商品によって発売までにかかる期間は異なります。

例えば、既にベースとなる商品があり、その新色やキャラクターとのコラボデザインを新商品として発売する場合は、その時々のトレンドに合わせるため短期間での発売を目指すことが多いです。一方で、新規性が高く技術的に難しいもの、製造に新しい設備投資が必要なものなど、年単位の開発期間を要する商品もあります。例えば、シャープペン『クルトガ』の場合、開発チーム発足から芯が回る試作品ができるまでに約4年、その後改良を重ね発売に至るまでにさらに約3年を要しました。その『クルトガ』に〝自動芯繰り出し機構〟を搭載した『クルトガ ダイブ』は構想から発売まで約15年かかっています。

また、同時に複数の商品開発を進める場合もあります。私が担当したシャープペン替芯の『ユニ 詰替用』『ユニ メタルケース』は同時進行で企画開発し、同時発売しました。

―他社の方や社内他部署の方と接する際に気を付けていることを教えてください

商品開発は、他部署だけでなく、外部の協力会社など、多くの方々と一緒に進める仕事であり、そういった方々の協力がなければどんなにすばらしい企画を立案したとしても商品化はできません。そのため、関わる方々には、できるだけ気持ちよく取り組んでいただけるよう、コミュニケーションを密にとるなど信頼関係が築けるように心掛けています。

そのうえで、実務的な面ではやり取りした内容などを議事として残し、認識の相違が生じないように気を付けています。

クルトガ ダイブ
アビスブルー

―現在の流行やお客さまのニーズはどのようにして知るのですか？

大切にしているのは、実際に商品を使ってくださっている方の生の声に耳を傾けることです。何が売れているのかは販売データからわかりますが、なぜ売れているかはユーザーの声をよく聞かないとわかりません。複数のユーザーから熱のこもった感想や意見を聞いて、頻出するキーワードや視点から、表層的ではない、本質的なニーズは何かを探るように心掛けています。

また、新商品を開発するためのアイデアを得るという点では、文具業界に限定することなく、他業界の動向にもアンテナを張るようにしています。

―業務をするうえで難しいことは？ どんなときに達成感を得られますか？

商品開発を進めるなかで、品質やコスト、スケジュールなどさまざまな課題に直面することがよくあります。企画開発の楽しさやおもしろさはもちろんあるのですが、難しいと思う場面のほうが多いかもしれません。そんなときは、当初の目的に立ち戻り、その商品を企画開発するうえで何が大事なのか優先順位をつけ、関係者の方々の協力も得ながらより良い方法を粘り強く探ります。

そうやって多くの課題を一つひとつ解決することで商品化にこぎつけ、最終的に商品がお客さまに受け入れていただけたときは、心からの喜びを感じ、達成感を得ることができます。

―思い出に残っているような出来事があれば教えてください

ひとつは、２０２１年２月に発売

SCHEDULE

ある一日のスケジュール

8:00	出勤。メールチェック
9:00	他部署との会議
11:00	資料作成
12:00	昼食
13:00	試作品確認
15:00	取引先との打ち合わせ
17:00	部門内ミーティング
18:00	退勤

した定番シャープペン替芯『ユニ』です。これは、私が初めて開発した〝大型商品〟だったので、実際に店頭に並んでいるのを見たときは感慨深いものがありました。当時、結婚したばかりだったのですが、妻と一緒にたくさんのお店を見て回ったのは良い思い出です。妻は「良かったね」とねぎらってくれただけでなく、店頭で商品と一緒に記念写真を撮ってくれたんですよ。

もうひとつは、前述の『ユニ 詰替用』『ユニ メタルケース』を同時進行で企画開発したことです。両方とも開発が難航し、本当に発売できるのだろうかと何度も頭を抱えました。ものづくりの佳境に入った時期には、上司も一緒に協力会社や工場などを駆けずり回りました。

ちなみに、『ユニ 詰替用』は、メインユーザーである学生の方からの「まだきれいなケースを捨てるのがもったいない」という声と、私たち【商品開発担当者】の「環境にもっと配慮した使い方はないか」といった思いから商品を企画しました。その結果として誕生したのが『ユニ 詰替用』で、洗剤などで普及している詰替方式を参考に、芯を詰め替えることで『ユニ』の本体ケースを繰り返し使っていただけるようになりました。4回分の替え芯をワンセットとし、封緘《ふうかん》シールを1枚ずつはがせば、詰替用パッケージからシャープペン芯を手軽に本体ケースに詰め替えることができます。厚さ4ミリのスリムな段ボール板材の断面の穴に直接シャープペン芯を収容するなど、さまざまな工夫を段ボール・板紙・包装などを扱うレンゴー株式会社と共同開発しました。この商品については、現在、特許を申請しているんですよ。

また、『メタルケース』は、既存の『ユニ』のスライド式を踏襲しながら、ステンレス素材のメタルパーツだけで組み上げたフルメタル製ケースです。ケースに内蔵したスプリングがスライド開閉時の動きをアシストするので、筆記具好きな方々からは「操作感が心地良い」とご好評をいただいています。

ユニ

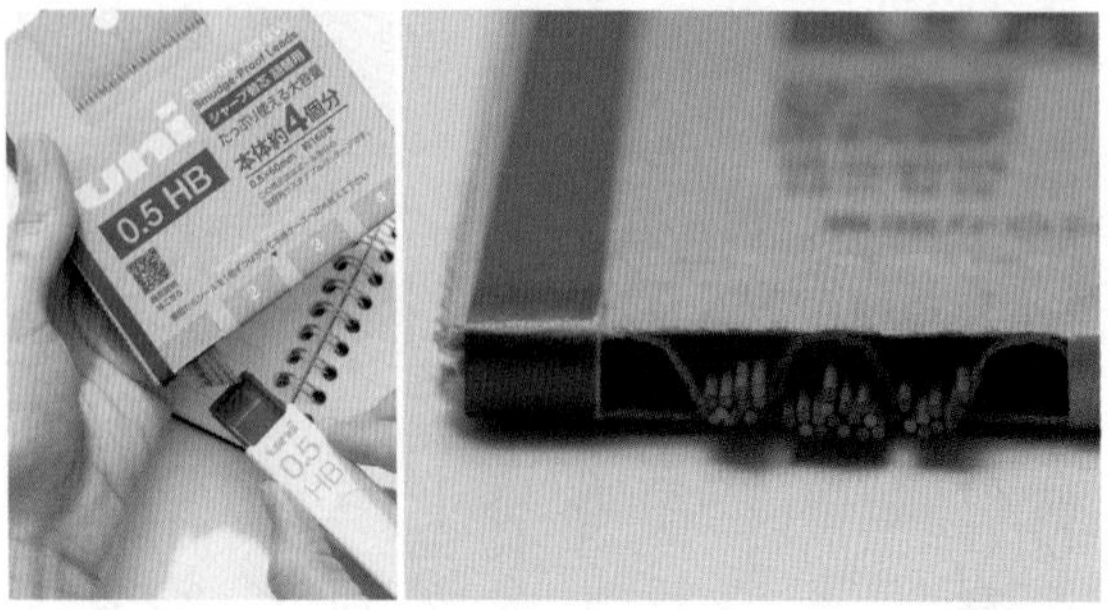
ユニ 詰替用

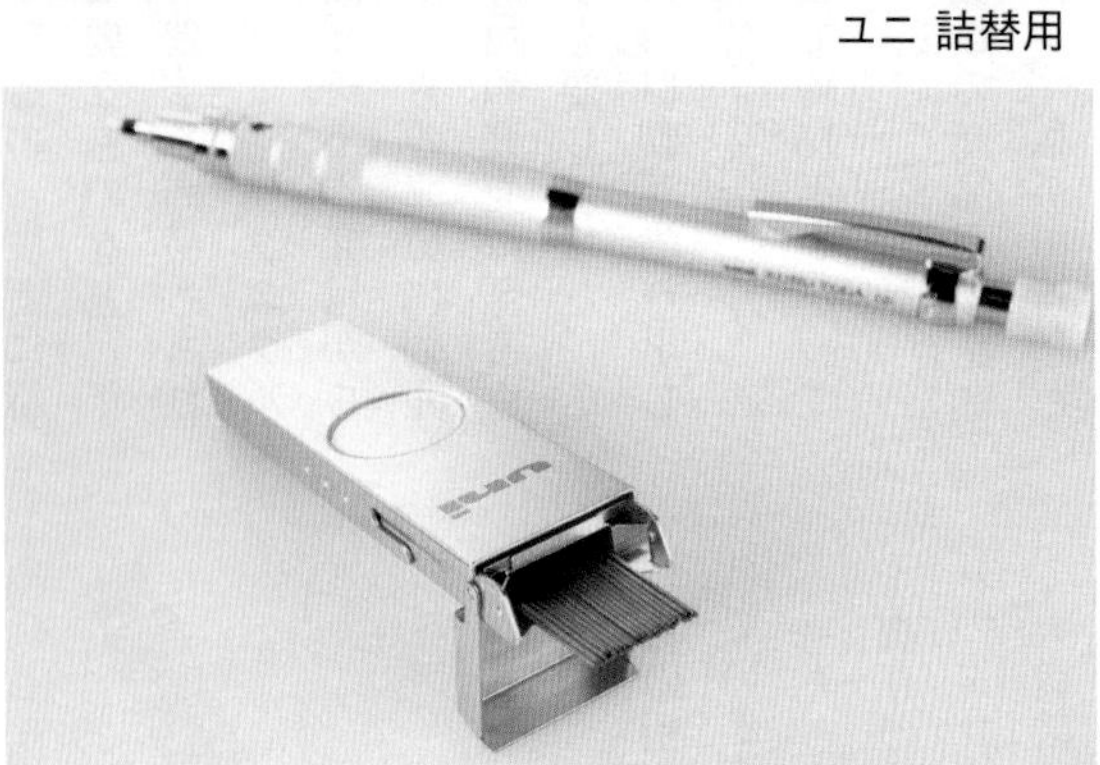
メタルケース

—この仕事に就くための資質とは?

心身ともにバイタリティがあり、人、モノ、情報（データ）など、いろいろなことに興味関心がある人が向いていると思います。

また、企画や開発する分野の商品が好きだったり、商品そのものに興味があったりするとさらに良いと思います。

—これから成し遂げたいことは？

物理的な商品は言うまでもなく、何か新しいサービスを含んだ形も含め、お客さまに「新しい体験だな」と感じていただけるような〝新商品〟を生み出したいと思っています。

当社のビジョン、〝世界一の表現革新カンパニー〟を実現するためにも、「自分の仕事は『uni』のありたい姿を具現化することにつながっている」、このことを忘れずに、努力し続けたいと考えています。

—子どもたちに将来へ向けてのアドバイスをお願いします

何が好きなのか、何が自分に適しているのかはまだわからないかもしれません。だからこそ、いろんなことに興味を持ち、勉強したり体験したりしてみてください。そうすれば、きっと、あなたの世界はどんどんと広がっていくはずです。

—仕事とは？

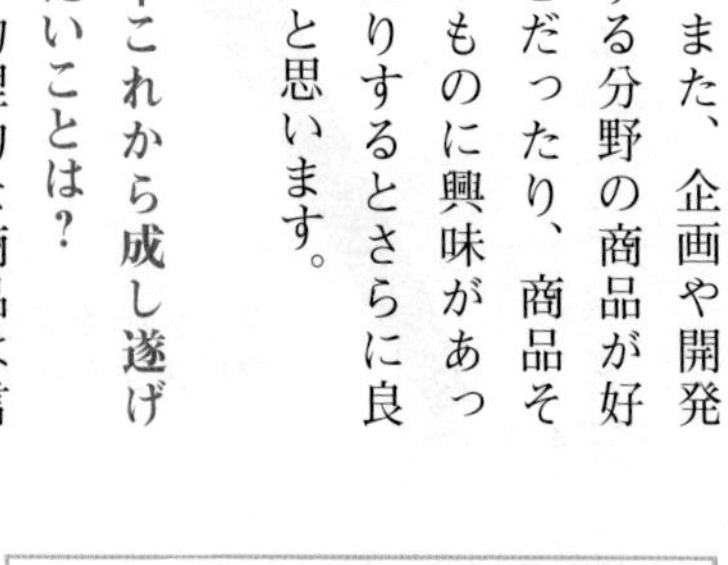

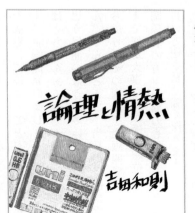

早稲田アカデミーの英語ブランド IBS（御茶ノ水）／English ENGINE（国立・月島・新百合ヶ丘）

早稲田アカデミーには、IBS（御茶ノ水）・English ENGINE（国立・月島・新百合ヶ丘）と4つの英語教室があります。英語を英語で理解し、表現できる「英語脳の育成」と、それを育むための「英語の本を思いっきり読める環境」――目指しているのは、一生使える「本物の英語力」の獲得です。

本物の英語力獲得のための「3つのKey」

Key1 脱「日英変換学習」

英語を日本語に変換するのではなく、英語を英語で理解し表現できる「英語脳の育成」に力を入れています。例えば、小学校低学年の子どもたちに「literature」という単語を教えるときに、私たちは「文学」という日本語を使いません。「Literature is books, plays, and poetry that most people consider to be good or important.」と説明します。子どもたちは思考をめぐらせながらその語のイメージをつかんでいくと同時に、その語が表しているもの自体に対する理解も深めていきます。

Key2 英書多読

言葉は使わなければできるようになりません。しかし、「英語を“使う”」＝「英語を“話す”」でしょうか？　もちろん「話す」ことも大切ですが、私たちはまず「読む」ことが大切だと考えています。「読める」とは、「英語を英語で正しく理解し、感じられること」だと考えているからです。入塾説明会などで「英語をちゃんと“読める”子は、“聞ける”し、“書ける”し、“話せます”」とご説明している通り、IBS・English ENGINEでは英書の多読教育を通じてお子様の英語力の土台を育んでいます。

Key3 ゴールオリエンテーション

私たちは、お子様が「英語に慣れる」「英語に親しむ」だけでなく、「確かな英語力」を身につけていただきたいと考えています。そのために、目標と期限を決めて実現していく「ゴールオリエンテーション」を大事にしています。「目標」と「期限」はワンセットと考え、「いつ」までに「どんなこと」を実現するのかを明確にすることで、生徒たちのやる気に火をつけていきます。

授業は基本的にAll Englishで行います。また、学年別ではなく英検®をベースとした無学年制のレベル別クラスを設置しています。海外で使用されている教材やオリジナルテキストを使い、授業や自宅で繰り返し音読練習をすることで、単語や文法も自然と身につくカリキュラムになっています。生徒たちが我先に「Me！Me！」と手を挙げる、やる気と熱意に溢れた空間――。ぜひ、教室で実感してください。

みんな、おめでとう！ よくがんばりました！

2022年度 ※1
早稲田アカデミー英語ブランド※2
英検®合格実績

526名

1級～5級合格率 **84.8%**

級	レベル	合格者数	備考
1級	大学上級レベル	5名	小6からも合格
準1級	大学中級レベル	15名※	小4からも合格
2級	高校卒業レベル	48名	小3からも合格
準2級	高校中級レベル	82名	小2からも合格
3級	中学卒業レベル	118名	小1からも合格
4級	中学中級レベル	131名	年長からも合格
5級	中学初級レベル	127名	年長からも合格

※1　2022年第1回～第3回の英検®
※2　IBS（御茶ノ水）・English ENGINE（国立・月島・新百合ヶ丘）
※準1級合格者には、S-CBTの合格者を含みます。

英検®は、公益財団法人 日本英語検定協会の登録商標です。このコンテンツは、公益財団法人 日本英語検定協会の承認や推奨、その他の検討を受けたものではありません。

ちょっと深掘り 日本の昔話

皆さんは昔話をいくつ知っていますか？　現代の私たちからすると、昔から伝わっているお話はどれも〝昔話〟ですが、全てが同じ時期につくられたわけではありません。古い時代の神話がもとになっているものもあれば、比較的新しい時代につくられたものもあります。〝昔話〟と聞くと「子ども向けの単純なストーリー」と思いがちですが、すこしさかのぼって調べてみると、意外な面白さに出会うことができます。今回は、有名な昔話のストーリーを少し深掘りして紹介します。

歴史のミステリー!?
浦島太郎《うらしまたろう》

「浦島太郎」は、カメを助けた青年・浦島太郎がお礼に海のなかの竜宮城《りゅうぐうじょう》に連れて行ってもらうお話です。浦島太郎は竜宮城で美しい乙姫《おとひめ》様と楽しい時間を過ごしますが、故郷《こきょう》が恋しくなり、玉手箱をお土産《みやげ》にもらって地上に戻ることに。ところが、地上に戻ると長い年月が流れていて、自分を知っている人は誰もいません。悲しみのなか「開けてはいけない」と言われていた玉手箱を開けると、浦島太郎はあっという間におじいさんになってしまった、というストーリーです。

「浦島太郎」はとても古いお話で、今から1300年以上前につくられた『日本書紀《にほんしょき》』などの書物に記録が残っています。『日本書紀』では、西暦478年にあたる年の項目に、「丹後国（現在の京都府北部）の『浦島子《うらしまのこ》』という人がカメを釣り上げた。そのカメはたちまち美しい乙女《おとめ》に変身した。浦島子はこの乙女と夫婦になり、海のなかの『蓬莱山《ほうらいさん》』に行った」と記されているのです。「蓬莱山」は、果てしない海の向こうにあるといわれる伝説の島。そんなところへ行ったお話なのに、「どこの誰が」行ったのかがはっきり記録されているなんて、不思議だと思いませんか？　このことから「浦島子（浦島太郎）は実在の人物だったのではないか」と考えている人もいます。「蓬莱山」「竜宮城」といわれているのは、海を越えた先にある中国や琉球《りゅうきゅう》（現在の沖縄県）のことではないか、というわけです。

また、浦島太郎の伝説が残っているのは丹後国だけではありません。現在の香川県や神奈川県、さらに、なんと海のない長野県にも浦島太郎のお話が残されています。海の世界から帰ってきた浦島太郎が空を飛ぶ術を身につけて、長野県の木曽《きそ》地域へやってきたというのです。「いくらなんでも空想のお話では？」と思ってしまいますが、実際に長野県のあるお寺には、浦島太郎が愛用していた釣竿《つりざお》が今も残されているそうです。果たして、浦島太郎は実在したのか……謎はますます深まるばかりですね。

帝《みかど》と心を通わせた
かぐや姫《ひめ》

竹のなかから生まれた小さなかぐや姫。おじいさんとおばあさんに育てられすくすくと成長しますが、実は月の世界の住人で、八月の満月の夜に月に帰ってしまう……。「かぐや姫」は、平安時代に書かれた『竹取《たけとり》物語《ものがたり》』をもとにした昔話です。『竹取物語』は、「日本最古《さいこ》の物語文学」ともいわれる作品。竹から生まれたかぐや姫が月へ帰ってしまう、というあらすじは昔話と一緒ですが、月へ帰るまでのいきさつがより詳しく描かれています。

美しく成長したかぐや姫は、5人の貴公子《きこうし》からプロポーズを受けます。しかし、月の世界の住人であるかぐや姫は結婚をすることができません。そこで、「私の望むものを持ってきてくださった方と結婚しましょう」と言って、貴公子たちに絶対に手に入らないプレゼントをお願いします。貴公子たちは無謀《むぼう》な冒険をして手に入れようとしたり、ニセモノをつくってかぐや姫をごまかそうとしたりと悪戦苦闘《あくせんくとう》しますが、全て失敗してしまいます。

しかし、かぐや姫にもただ一人、親交を深めた人物がいました。それは、時の権力者であった帝です。はじめは帝にも冷たくしていたかぐや姫でしたが、一心に愛を伝え続ける帝に次第に心を許し、二人は手紙や歌を送り合うような仲になります。しかし、時は流れ、ついに月に帰る日がやってきました。八月十五日の夜、帝はかぐや姫を帰すまいと大勢の兵士に屋敷を守らせましたが、そのかいなくかぐや姫は月の世界へ帰ってしまうのです。

月に帰る直前、かぐや姫は帝にある贈《おく》り物《もの》を残しました。それは、永遠の命が手に入る不死《ふし》の薬。しかし帝は、「かぐや姫がいない世界で長生きをしても意味がない」と考え、大勢の家来に不死の薬を日本で一番高い山の頂上に運ばせて燃やしてしまいました。そこが、かぐや姫の住む世界に一番近いと考えたからです。『竹取物語』には、薬を運ぶために多くの武士が上ったことから、その山は「富士山《ふじさん》（士に富む山）」と名付けられた、と書かれています。

最初の名前は〝怪童丸《かいどうまる》〟
金太郎

桃太郎《ももたろう》は犬・猿・キジと一緒に鬼退治をした人、浦島太郎はカメを助けて竜宮城へ行った人。では、金太郎は一体何をした人……？「赤い腹《はら》掛《か》けをしたおかっぱ頭」という姿はなんとなく思い出せても、お話の内容はよくわからない、という人が多いのではないでしょうか。「浦島太郎」や「かぐや姫」と比べると、「金太郎」のお話ができたのはずっと新しく、江戸時代に入ってからです。実は、金太郎にはモデルになった人物がいます。それは、平安時代に実在したとされる武士・坂田《さかたの》金時《きんとき》（公時）です。坂田金時は源頼光《みなもとのよりみつ》の臣下で、「頼光四天王《よりみつしてんのう》」と呼ばれたほど勇敢《ゆうかん》な人物。都の人を困らせていた酒呑童子《しゅてんどうじ》という鬼《おに》を仲間とともに退治《たいじ》した話が古くから知られていました。時間が経つにつれて、「これほど勇敢だった金時は、きっと幼いころから特別だったんだろう」と考えられ、江戸時代に入ってからつくられたのが「金太郎」のお話なのです。

現在一般的に伝えられている「金太郎」のストーリーは、次のようなものです。

【昔むかし、足柄山《あしがらやま》の奥深くで山姥《やまうば》が一人の男の子を産んだ。その男の子は小さなころから並外れた力持ち。森のクマやイノシシと相撲《すもう》を取《と》って遊んでいた。ある日、都に住む源頼光という武士が山を訪れ、クマを軽々と投げ飛ばしている金太郎を見掛けてびっくり仰天。「これは将来、立派な武士になるぞ」と思い、金太郎を引き取って自分の家来にした。その後坂田金時と名を改めた金太郎は、都で大活躍したんだとさ】

ちなみに、最初に考えられたお話では、名前は金太郎ではなく「怪童丸」。その姿も、全身が真っ赤で鉞《まさかり》（大きな斧）を担《かつ》ぎ、クマに乗った少し恐ろしいものでした。それが、時間が経つにつれて私たちが今イメージするような赤い腹掛け姿の元気な男の子に変化していき、名前も〝怪〟童丸から〝快〟童丸、そして金太郎へと変わっていったのです。

いくつもの昔話を比べてみると、さまざまな共通点があることに気付きます。例えば、動物が恩返《おんがえ》しをするお話には、「浦島太郎」の他にも「鶴《つる》の恩返し」「花咲《はなさ》かじいさん」などがあります。また、「一寸法師《いっすんぼうし》」「瓜子姫《うりこひめ》」の主人公は、かぐや姫と同じように小さな姿で登場します。知れば知るほど、昔話には興味深いところがたくさん。皆さんも、お気に入りの昔話について調べてみませんか？

参考文献：『日本伝奇伝説大事典』角川書店、一九八六年
『新版　日本架空伝承人名事典』平凡社、二〇一二年

クローズアップ!!

Close up!!

神奈川　横浜市　共学校

青山学院横浜英和中学校《あおやまがくいんよこはまえいわ》

個々の特性を輝かせながら世界の人々とともに生きる姿勢を養う

青山学院横浜英和中学校は、キリスト教に基づいた教育をベースに、寛容性のある生徒を育成しています。「なぜ」の気持ちを重視する独自の探究活動を展開するほか、異文化理解を深める様々な海外交流プログラムも人気の学校です。

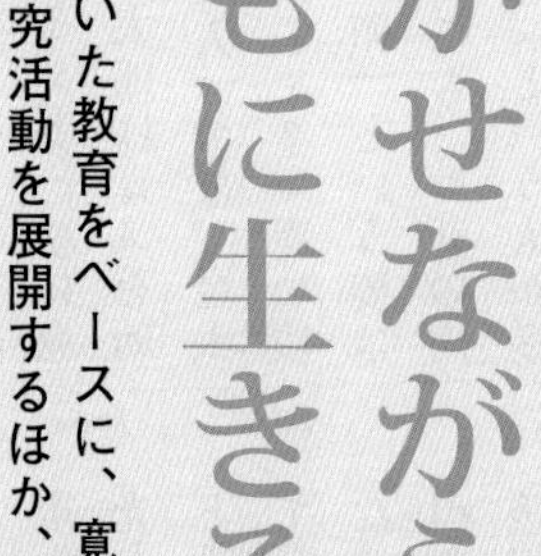

小久保光世《こくぼみつよ》
校長先生

謙遜の気持ちを備えた「他者に仕える」人物を育てる

1880年に宣教師H・G・ブリテンによって創設された青山学院横浜英和中学校（以下、青学英和）。2016年に青山学院大学の系属校となり、2018年の共学化を経ながら、横浜の地で140年以上の歴史を重ねてきました。

「心を清め　人に仕えよ」という校訓は、聖書のなかにある2つの言葉を組みあわせて作られたものです。小久保光世校長先生は「神から与えられた賜物《たまもの》を活かして、社会や他者のために貢献しなさいという意味が込められています。人に仕える生き方とはまさしく、イエス・キリストの生涯そのものです。神の前に1人の人間として立ち、人々へ謙遜※に仕えることで、『人を愛する』ということを示したのだと思います。

私たちが他者との関係を築くときも、そういった心で接することが大切ですよね。本校がめざすのは、そうした謙虚な優しさを持った人物の育成です」と説明されます。

教育目標には「神を畏《おそ》れる」「自立する」「隣人と共に生きる」の3つを

※キリスト教においては、高ぶりを捨てて、へりくだる心のあり方

学校施設

部室棟や集会室の建物が並ぶ「スチューデントセンター・オリーブ」。昨年には、青学英和の歴史をまとめた「永井記念学院歴史展示室」も新設されました。

礼拝堂

定めています。キリスト教を土台とした人格教育のもと、主体的な学びを通して自身のキャリアを発見し、グローバルな視野を持って世界中の人とともに生きる力を養おうという指針が示されています。

心の豊かさを涵養するこれらの教育の成果は共学化した際にも発揮され、いまも学校の雰囲気作りによい影響を与えているといいます。

「男女共学化したときの1期生が、今年高3になりました。先日、高校の合唱コンクールが行われた際に、どのクラスも男女の見事なコーラスを披露してくれて、とても感動しました。

共学化当初に入学した男子は先輩がいないなかで、大変なこともあったのではないかと思います。それでも、男女が共に理解しあい、お互いをリスペクトして協力してきたからこそ、こうして『ワンチーム』になれたのでしょう。男子も女子も、すばらしい生徒に育ってくれたと感じます」（小久保校長先生）

疑問解決の方法を学び探究を深める「探Question」

青学英和は、中高6年間を連続させた一貫教育で生徒の力を伸ばしています。中学では基礎学力の形成をめざしつつ、一部の教科で先取り授業も実施します。また英語では中1から少人数授業を行うなど、それぞれのレベルに応じたきめ細やかな指導が実践されています。

各授業で用いられる補助教材の存在も、生徒の学力向上を支える要素の1つといえるでしょう。国語では、思考力や表現力を高めることを目標に、教員が独自に問題を選定したオリジナルのテキストが作られています。また英語でも、青山学院大学理工学部の教授が開発したオンライン英会話の教材を中3から使用し、英語を用いた1対1でのコミュニケーションに慣れていきます。

また、青学英和の特色ある取り組みの1つに、理科の授業のなかで行われる探究活動「探Question」（中1～中3）があげられます。授業で疑問に思ったことを個人やグループで探究し、最終的にスライドやポスターにまとめて成果を発表することが目標です。

過去にはニワトリを解剖して人間の手足との違いを調べたり、市販の日焼け止めクリームが、どのくらい紫外線を防げているのか検証したりした生徒がいたといいます。

調べ学習、実験、アンケート調査といった手法のうち、どれを用いれ

マカスリン大会議室、中会議室のステンドグラス

永井記念学院歴史展示室

ブリテンホール

スチューデントセンター・オリーブ

ば疑問の解決に近づくかという検討も、自分たち自身で行います。理科の教員や実験助手から個別にアドバイスをもらうこともできるため、難易度の高い実験に挑戦することも可能です。

「学年が上がるごとに、難しい手法にチャレンジする割合が増えていくんです」と、生徒の成長を実感される小久保校長先生。理科の授業の一環として取り組むからこそ、前年度の反省も活かされます。3年間の実践を通じて体系的な学びを得られることも、「探Question」ならではのよさといえるでしょう。

このように、学校生活のなかで多彩な力を身につけていく青学英和生。大学進学の際、青山学院大学へは7割以上の生徒が推薦で進学しています。なお、推薦基準は年ごとに同大学が定めます。また、他大学への進学をめざすことも可能な環境です。その際は高2からの選択科目も活用し、受験に必要な力を着実に身につけていきます。

異文化理解の姿勢を培う 多様な国際交流プログラム

青学英和は、「グローバル」という言葉が日本で一般的ではなかった約30年前から、国際教育に力を注いできました。

オーストラリアの姉妹校を訪問する短期留学プログラム（中3～高2女子）をはじめ、アメリカやニュージーランドといった様々な留学先が用意されています。昨年度からはカナダの留学プログラムに、ブリティッシュコロンビア州立高校への留学（高1・高2）も加わりました。

現地の大学を訪問して特別講義に参加したり、ホームステイを通じて語学力を磨いたりすることはもちろん、様々なアクティビティーを体験できることも大きな魅力です。例えばアメリカで行われるシアトルサマープログラムでは、広大な自然に囲まれながら青少年キャンプに参加します。日本とは異なる文化や考え方を実際に体験することで、多様な価値観を受け入れるグローバルな視点を育んでいきます。

新しく留学先を決定する際の視察に加えて、引率の教員としても現地を訪れることが多いという小久保校長先生。留学中の生徒に会いにいき、元気に過ごせているか様子を見てくることもあるといいます。

「大事な生徒を預けるわけですから、可能な限り自分の目で現地を見て、安心して任せられるかを判断したいと思っています。帰国後、生徒

多彩な学び

英語学習の一環として、教科書の文章をレシテーション（暗唱）する活動も実施。語学力を高めると同時に、人前で発表する能力も磨きます。日ごろ培った力は留学先での体験型学習にも活かされ、実践を通じてさらなる学びをもたらします。

カナダ公立高校留学

英会話の授業

理科「探Question」

学校生活

11月のシオン祭（文化祭）では、音楽系の部活動が屋内・屋外で様々なコンサートを開催し、校内が華やかな音色に包まれます。文化系の部活動やクラス、委員会が展示発表をするほか、体育会系の部活動は校内試合を行います。

シオン祭（文化祭）

ダンス部

フォークソング部

合唱コンクール（高校）

写真提供：青山学院横浜英和中学校　※写真は過年度のものを含みます。

が海の向こうで学んできたことを報告してくれると、かけがえのない経験をしてきてくれたのだなと嬉しくなりますね」（小久保校長先生）

日本から海外を訪問するだけでなく、毎年9月と12月には、オーストラリアの姉妹校から留学生の受け入れを行っています。日本文化を紹介するために、自分たちでも茶道などを学ぶことで、自国のよさも再発見していきます。

系属校化以降、様々な変化を遂げてきた青学英和。今後のビジョンについてうかがうと、小久保校長先生は「いままで以上に、生徒の自主性を伸ばすことに力を入れていきたいです」とおっしゃいました。これからもますます、個々の賜物を活かせるような、多彩な教育が展開されていくことでしょう。

結びに、受験勉強に励む読者のみなさんへ、小久保校長先生からメッセージです。

「今年は『Let your light shine（あなたの光を輝かしなさい）』という聖書の言葉を、青学英和のテーマの1つに掲げています。受験生の方々も、いまは勉強で毎日が大変かもしれません。でも、どんなときも、あなたの光を輝かせていこう、というのがみなさんへのメッセージです。だれもが必ず自分の内側に輝くものを持っています。受験勉強を乗り越え、ぜひ、1人ひとりがキラキラと輝いてほしいです。また本校には、その輝きを安心して発揮できる環境があります。必ず光るということを信じて頑張ってください」

学校説明会〈要予約〉

10月13日（金）　10:00～11:30
11月23日（木祝）　10:00～11:30
11月23日（木祝）　14:00～15:30
12月16日（土）　10:00～11:30

シオン祭（文化祭）

11月 3日（金祝）　11月4日（土）

※日程は変更の可能性があります。詳細は事前に学校HPにてご確認ください

2024年度入試日程

帰国生選抜　2024年2月1日（木）
一般入試
A日程　2024年2月1日（木）
B日程　2024年2月2日（金）
C日程　2024年2月3日（土）

※詳細はHPにてご確認ください

School Information

所在地：神奈川県横浜市南区蒔田町124
アクセス：横浜市営地下鉄ブルーライン「蒔田駅」徒歩8分
生徒数：男子132名、女子393名
TEL：045-731-2862
URL：https://www.yokohama-eiwa.ac.jp/chukou/

のぞいてみよう となりの学校

School Data

所在地　埼玉県さいたま市中央区上落合5-19-18
アクセス　JR埼京線「北与野駅」・JR京浜東北線ほか「さいたま新都心駅」徒歩7分、JR京浜東北線ほか「大宮駅」徒歩15分
生徒数　女子のみ375名
TEL　048-840-1035
URL　https://www.shukutoku.yono.saitama.jp/

淑《しゅく》徳《とく》与《よ》野《の》中学校〈女子校〉

創立以来、高い品性・豊かな感性・輝く知性の3つを育てることをテーマに、生徒1人ひとりの内面を磨く教育プログラムを提供している淑徳与野中学校。来年度からは「医進コース」を新設し、生徒の将来の幅をさらに広げます。

自分で考え歩んでいける大人になるための6年間

色々な話を聞きながら物事を広く・深く見つめる

1892年、尼僧・輪島聞声《もんじょう》によって設立された淑徳与野中学校（以下、淑徳与野）。校名の「淑徳」は、輪島聞声が女性の自立の基と説いた「静淑の徳（よい徳を身につけること）」に由来します。その言葉通り、淑徳与野では高い品性を養う「心の教育」、豊かな感性を育む「国際教育」、輝く知性を身につける「中高一貫教育」の3つを核として、様々な教育プログラムを行っています。

今回は3つの核から広がる、生徒の人間性を磨く取り組みについて、黒田貴副校長先生と小澤幸子教頭先生にお話をうかがいました。

まず1つ目の「心の教育」の主軸となるのが、仏教主義に基づいた情操教育です。週1時間の「淑徳の時間」では、仏教や身近な問題をテーマにした話を聞き、社会への理解を深めます。中1は里見裕輔校長先生が全クラスを担当しており、生徒から「一番楽しい授業」と声があがるほど人気の授業になっているそう。

「校長は自身の体験を交えながら色々な話をします。その話は生徒の感性を刺激し、1人ひとりに『問い』を投げかけます」（黒田副校長先生）

淑徳の時間で特徴的なのが、「問い」の答えを個人にゆだねる点です。生徒は考えを深めるなかで、自分なりの答えを見つけていきます。そしてその過程で、一見、仏教や社会問題と関係なく思える話も、じつは仏教が重視する「生命の尊厳」、「他者と共生することの尊さ」と通じている、と気づくのです。この経験が、生徒の人生の視野を広げていきます。

　このほか、授業の開始・終了時に行う合掌、年4回の仏教行事などの仏教的な慣習を多く取り入れている淑徳与野。仏教のあり方について、「本校にとって空気のようなものです」と黒田副校長先生は話されます。

「来校した方から、『この学校に来ると落ち着く』という言葉をいただくことがあります。それは学校全体に多様性を受け入れる仏教の精神が息づいているからでしょう。この精神がつねに身近にあり、それが生徒や教員の行動からにじみ出てくる。これが本校の魅力なんです」（黒田副校長先生）

現地の人々と交流しながら国際人として成長する

　落ち着いた雰囲気のなかで品性を育む淑徳与野生。なかでも生徒を大きく成長させるのが、バラエティーに富んだ「国際教育」です。中2で「台湾海外研修」、高2で「アメリカ修学旅行」があり、6年間で全員が2回、海外に行く機会があります。

「台湾海外研修」では現地の姉妹校と交流会を実施。事前に淑徳与野の生徒は中国語を、台湾の生徒は日本語を学んで当日を迎えます。「中1の土曜講座では中国語が必修科目となっていますが、なかなか会話は難しいようです（笑）。言いたいことを事前に紙に書いたり、ジェスチャーを使ったり、生徒はなんとかコミュニケーションを取ろうと工夫しています。最終的には日・中・英の3カ国語で会話を楽しんでいますよ」と黒田副校長先生。

　また、「その日はフードコートで昼食をとるのですが、ここでも中国語をよく使います。日本語で話しかけてくる年配の方もおり、そういった方がなぜ日本語を話せるのか、歴史や文化を肌で感じる貴重な経験になっています」と小澤教頭先生が話されるように、生徒は現地で生活する人々と交流することで、「隣人」であるアジアの国々、ひいては日本への理解を深めていくのです。

　一方、高校で目を向けるのは欧米です。「アメリカ修学旅行」では、3泊4日のホームステイのほか、クラスごとに企業を訪問し、代表の生徒が社員へのプレゼンテーションに挑戦することも。海外で働く日本人の姿を見て、将来グローバルに活躍したいという目標を持つ生徒もいる

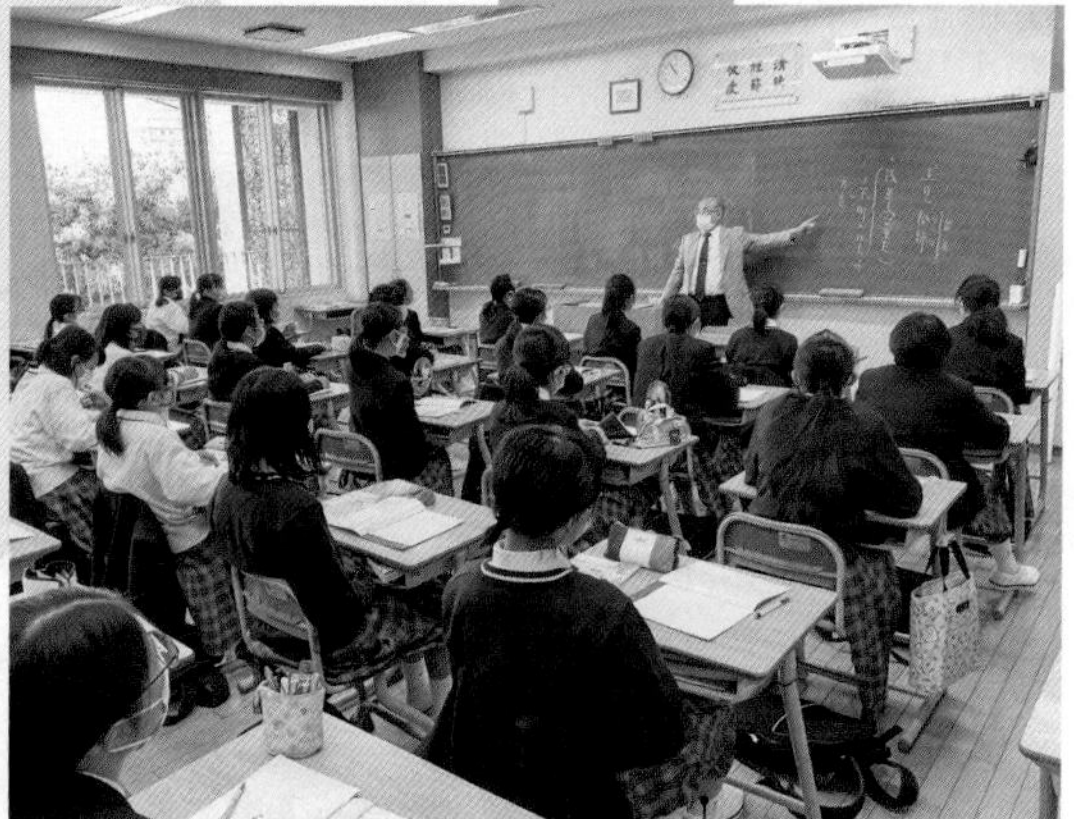

校長先生の「淑徳の時間」の様子。毎年中1の全クラス、高1の1クラスを担当されます。

校舎は「自然との共生」をテーマに、温かみを感じられるデザインが多く取り入れられています。

仏教行事などで使う㊤利行堂と、毎年4月に行う㊨花まつりの様子。誕生仏に柄杓で甘茶を注ぎかけます。

そうです。

加えて高1では希望者を対象に「インターナショナルプログラム」が行われます。アメリカ、カナダ、ニュージーランドから行き先を選び、3カ月間、各家庭に1人でホームステイをしつつ現地校に通います。

「現地校での学習のほか、ステイ先での経験も生徒を成長させます。あくまでも『家族』として迎え入れられますから、家の手伝いや小さな子どもの面倒をみることもあります。国民性も違いますので、自分から発信しなければなにも伝わりません。生徒には、『自分から積極的にトライするんだよ』と声をかけています」と黒田副校長先生。言語・環境・人間関係も大きく異なる土地で過ごす時間を通し、生徒は揺るぎない「自分らしさ」を形作っていくのです。

そのほか「英国短期語学研修」や「韓国国際交流プログラム」など、希望者はさらに多くのプログラムに参加することもできます。生徒はアジア、欧米と広く世界に目を向けることで、豊かな視点を備えた国際人へと成長していきます。

友人と夢を語りあい 将来像を明確にしていく

3つ目の核となるのが「中高一貫教育」です。6年間でじっくりと自分の興味を見定めながら、将来に向けて発展させていくことが可能です。なかでもキャリア教育で特徴的なのが、定期的に興味関心や将来像について考え、クラスメイトと語りあう機会がある点です。

中学入学直後のオリエンテーション合宿で行われる「ドリームワークショップ」では、グループで自分の将来の夢や目標を語りあいます。「この時期は少しずつ、将来の夢が決まってくるころだと思います。なりたい職業について友人に話すことで、漠然としていた将来像がはっきりとしてくるのではないでしょうか」と小澤教頭先生が話されるように、生徒はここで目標を明確にし、6年間の学校生活に臨んでいきます。

中1の終わりごろに実施する「インパクト体験棚卸し」では、これまでの人生で一番インパクトの強かった出来事について発表します。

「嬉しかったことやなにかをやり遂げた経験だけでなく、悲しかったり、辛かったりした経験が人生のモチベーションにつながることもあると思います。インパクト体験棚卸しでは、そんな体験を振り返りながら、自分の将来について、『なぜその職業に就きたいのか』『どうやって社

淑徳与野はNPO法人の寄付活動に参加し、2010年にカンボジアのチッダイ中学校へ「淑徳与野なでしこスクール」を寄贈。修学旅行でたまったマイレージ、文化祭の収益金を寄付するほか、隔年で代表の生徒が現地を訪れ支援しています。

「台湾海外研修」の様子。姉妹校との交流のほか、国立故宮博物院の見学や九份での観光も楽しみの1つです。

「アメリカ修学旅行」では、現地姉妹校・提携校との交歓会も実施。互いに用意してきたパフォーマンスやレクリエーションを通して親睦を深めます。

オリエンテーション合宿では、夢を語りあう㊨「ドリームワークショップ」以外にも、㊦樹海散策や神社仏閣の訪問、飯盒炊飯などを行います。

進路ガイダンスでは、大学生・社会人となった卒業生からキャリアプラン、職業などについて話を聞くことができる機会が豊富に用意されています。

学校説明会　要予約

9月30日(土)10:00～12:00
10月14日(土)10:00～12:00
11月11日(土)10:00～12:00
12月 8日(金)13:30～15:30

なでしこ発表会（中学クラブ発表）

9月 9日(土)

※日程は変更の可能性があります。
詳細は学校HPでご確認ください。

写真提供：淑徳与野中学校（過年度のものを含みます）

会にかかわっていきたいのか』という側面から考えるきっかけにしてほしいです」（小澤教頭先生）

　インパクト体験棚卸しは、高1でもう一度行われます。生徒は中1と高1の自分を比較しながら自分自身の成長を感じたり、目標を考え直したりすると同時に、具体的な志望校、進路まで考えていきます。

　このように、自分の目標を振り返る機会が頻繁にあるからこそ、生徒は強い決意を持って、大学受験へと挑んでいくことができるのです。

「中学校の役割は、生徒に勉強する姿勢や習慣を指導したり、その動機づけをしっかりとサポートしてあげたりすることだと思っています。そのうえに高校で、専門的な知識や応用力を積み重ねていきます。淑徳与野では6年間、教員一同で生徒を支えます。志望大学に合格し、卒業後は自信を持って自分の足で歩いていけるような生徒に育ってくれたら嬉しいです」（小澤教頭先生）

来年度から2コース制へ
新たに「医進コース」を設置

　淑徳与野では来年度から、これまで通り文理を問わず難関大学への進学をめざす「特進コース」に加え、医学部・難関理系大学進学をめざす「医進コース」を新設し、2コース制へと変わります。

　黒田副校長先生は、「本校は理系学部への進学率が非常に高いです。入学時点から理系選択を決めている生徒をさらに応援するため、理系分野について深く学べる医進コースを新設しました」と説明されます。高1までの4年間は、両コースともにカリキュラムに差はありません。進級の際にコースを変更することも可能なので、生徒は授業を受けながら、高2以降の所属を検討できます。

　医進コースの大きな魅力の1つが、大学の医学部と連携した高大連携教育です。授業や病院の見学など、実際に医学分野にかかわる人々と触れあいながら知識を深め、進路を明確にしていくことが可能です。

　最後に黒田副校長先生に、淑徳与野でどんな6年間を過ごしてほしいかをうかがうと、次のような答えが返ってきました。

「どんな6年間を過ごして、どんな自分になるか、これは生徒自身が決めていくことだと思っています。本校では、それぞれが自分らしさを発揮できる環境や選択肢を豊富に用意しています。1つひとつ自ら検討しながら、自分らしいものを選択していってほしいです」

公立中高一貫校
リポート

さいたま市立大《おお》宮《みや》国《こく》際《さい》中等教育学校〈共学校〉

未来社会を生き抜く力を身につける 新しい学びを「大宮国際」で

2019年４月、さいたま市の２つ目の公立中高一貫校として誕生した
さいたま市立大宮国際中等教育学校。
未来社会で生き抜いていくための力を養う
最先端の教育を提供することをめざす学校です。

英語を「道具」として使いこなして世界へ

さいたま市立大宮国際中等教育学校（以下、大宮国際）は、「誰も見たことのない世界で通用する『真の学力』を持つ生徒を育てたいという考えのもと、数々の新たな学びを導入している学校です。大宮国際がめざす「真の学力」と、その学力を育む特色ある教育について、関田晃校長先生にお話をうかがいました。

関田《せきた》 晃《あきら》 校長先生

大宮国際で身につく学力は、みなさん自身がよりよく生きるための学力であり、よりよい世界の未来を築くことに貢献できる学力です。

「いまは未来社会の予測が難しくなっています。そうした社会を生きていく子どもたちにつけてあげたい力とは、『なぜだろう』というテーマ設定をして、それを色々な形で考えて議論し、そこから多くの人が納得できる解を出すことができる力です。『正解』を出すというのは難しくても、多くの人から『それがいいね』というコンセンサス（合意）を得られて、新しい価値を生み出すことができる力ですね。それをさらに具体的に、めざす学習者像として『未来の学力が備わった人』、『国際的な視野を持った人』、『よりよい世界を築くことに貢献する人』と定めました」（関田校長先生）

「国際」という言葉を掲げる校名から「英語教育」に特化したイメージも持ちますが、大宮国際の魅力はそれだけではありません。

「英語はあくまでも『道具』です。例えば私たちはいま、日本語でコミュニケーションを取っていますが、お互いに日本語がわかるから簡単に意思疎通ができて、考えがまとまるわけです。ですが、少し世界に目を向けると、最も便利なコミュニケーションの手段というと、現時点では英語になります。母語である日本語に加えて、英語でも同じように意思疎通ができるようになると、意見交換が可能になる人は爆発的に増えますよね。そうすると、これまではあるテーマについて意見を求められたのが5人だったのが、10人になって、さらに豊かな考えが展開できるようにもなります。

もちろん、様々なカリキュラムによって英語教育は充実させます。ただ、それはあくまでも道具としての英語を磨くための手段であって、最終的にめざすのは、その道具を使ってより多くの人と意見をすりあわせて、新しい価値を生み出せる力をつけることです」（関田校長先生）

5年生からの特徴的なコース設定

大宮国際での6年間の教育課程をご紹介します。学習ステージを2つに分け、1つ目は「Empowerment Stage（力をつけるステージ）」として、1年（中1）から4年（高1）までの4年間、IB(国際バカロレア）の教育プログラムであるミドル・イヤーズ・プログラム（MYP）の理念をもとにした授業を行います。そして5年（高2）、6年（高3）の2年間は「Achievement Stage（力を発揮するステージ）」として、3つのコースに分かれ、生徒それぞれの希望進路に沿った学習を展開します。

3つのコースには「Global Course（グローバル・コース）」、「Liberal Arts Course（リベラルアーツ・コース）」、「STEM Course（ステム・コース）」があります。

「グローバル・コース」は、IBの※ディプロマ・プログラム（DP）を導入し、授業はかなりの部分を英語で行います。このことから、大宮国際は２０２２年５月にIBのDP校として認定されました。

「リベラルアーツ・コース」はその名の通り、文系・理系の区別なく、幅広く深い知識を身につけていくコースです。

そして、「ステム・コース」は文系・理系でいうと理系寄りで、S(Science、サイエンス)、T(Technology、テクノロジー)、E(Engineering、エンジニアリング)、M(Mathematics、数学)の領域にまたがる、学際的な学びを行っていくコースです。

特色のある教育プログラムも充実しています。「3G Project」と「LDT (Learner Directed Time)」は、主体的に学び続ける姿勢を育む内容です。

「3G Project」は「Grit（やり抜く力）」、「Growth（成長し続ける力）」、「Global（世界に視野を広げる力）」という3つの「G」を育てる探究活動で、週に2時間、様々な課題について、日本語、または英語でその課題の解決に向けて個人やグループで

※国際バカロレア機構が提供する、16〜19歳の生徒が大学やその他の高等教育機関に備えるための、２年間の国際教育プログラム

PHOTO 1 ネイティブスピーカーの教員による授業　2 グローバル・スタディ（さいたま市独自の英語科目）の授業　3 朝の All English
4 体育の授業（ダンスでタブレット活用）　5 理科の授業

の話しあいや研究を行い、その都度発表の機会を設けます。「LDT(Learner Directed Time)」は、土曜日に隔週で設けられる「自分で自分の学習をプロデュースする時間」です。生徒それぞれが自分で学びたいことを考え、そのテーマについて深く学ぶための時間です。

さらに、英語を使いこなせるようになることをめざす大宮国際では、中1の段階から積極的に英語を使う機会を設けます。まず、毎朝、始業前の時間帯は生徒、教職員すべての人々がオールイングリッシュで色々な活動に取り組む時間（All English）が設定されています。

また、複数いるネイティブスピーカーの教員が主体となる週2時間のプログラム「English Inquiry（イングリッシュ・インクワイアリー）」では、日本語で学んだ教科や単元を、さらに英語で深く学びます。すでに基礎知識が定着していることで、無理なく理解を深めながら英語力も身につく構成になっています。

学校行事では、グローバルな視点を育む校外行事を準備しています。1年次には国内異文化体験として福島県のブリティッシュヒルズで2泊3日の宿泊を実施。3年次にはオセアニア地域での海外語学研修、4年次は国内でプロジェクトベース型の修学旅行、5年次にはアメリカでの海外フィールドワークを行います。

部活動などの放課後活動は、「After School Activities」として、これまでとは違ったあり方になります。CA(Club Activity)は、シーズン制で行い、様々なクラブを経験できるように工夫しています。強制ではないので、習いごとや研究活動をしたい生徒はそちらを優先できます。大宮国際では、放課後活動についても未来志向をめざしています。

新しい学習スタイルで 未来を築く学力を育む

関田校長先生に、4月に入学された5期生の様子をお聞きすると、「電車やバスでの通学、1教科100分間の授業、クラスとは別の学習グループで授業を受けるなど、本校ならではの学校生活にも、ゴールデンウィーク明けには多くの生徒が慣れていました。また、すべての教科の授業で1人1台のタブレットPCを使いこなし、学習を進める姿も多く見られました。

6月過ぎには、授業が進むにつれて各教科の総括的評価課題の取り組みが増え、CAも始まり、LDTでは各種ワークショップに参加したり

写真提供：さいたま市立大宮国際中等教育学校（過年度のものを含みます）

と、活動内容が多岐にわたったことで、なかには生活リズムを崩してしまう生徒が見受けられるようになりました。しかし、生活の課題を解決するためのクラス会議を開いたり、クラスメイトと同じ悩みを共有したり、2、3年生が開催した『先輩相談室』でアドバイスをもらうなどで、見事解決していきました。これからも、生徒には国際的な視野を持ち、世界中の人たちとコミュニケーションを取り、多くの困難な課題を解決しようとする強い信念と、大きな志を持ってもらいたいと思います」と新しい生活に意欲的な生徒について語られました。

最後に、受検生に向けてのメッセージをうかがいました。

「本校に入学すると、新しいプログラムに基づき、新しいスタイルの学習に取り組むことで『真の学力』、『未来の学力』を身につけていくことになります。それは、みなさん自身がよりよく生きるための学力であり、よりよい世界の未来を築くことに貢献できる学力です。本校で中高一貫の6年間を過ごし、新しい仲間とともに高い志を抱き、それを実現するために必要な力を身につけませんか」（関田校長先生）

入試情報

2024年度入学生募集

募集区分

一般選抜、特別選抜

募集定員

160名
（男女各80名程度、特別選抜は全体の1割程度）

検査実施日

第1次選抜　2024年1月14日（日）
第2次選抜　2024年1月20日（土）

検査内容

一般選抜
〈第1次選抜〉適性検査A・B
〈第2次選抜〉適性検査C、集団活動

特別選抜
〈第1次選抜〉適性検査D、集団面接
〈第2次選抜〉適性検査E、集団活動

適性検査の傾向

第1次選抜で適性検査A・Bを実施、その合格者に対して第2次選抜で適性検査Cと集団行動を実施します。適性検査Aは小学校で身につけた基礎的・基本的な知識を活用する力などを、適性検査Bは発展的な課題解決力や科学的・数理的な力などをみます。適性検査Cは読解力や文章表現力など、集団活動はコミュニケーションに必要な力をみます。

School Information

さいたま市立大宮国際中等教育学校

所在地：埼玉県さいたま市大宮区三橋4-96
アクセス：JR各線・東武野田線・埼玉新都市交通ニューシャトル「大宮駅」バス
生徒数：男子389名、女子389名
ＴＥＬ：048-622-8200
ＵＲＬ：https://www.city-saitama.ed.jp/ohmiyakokusai-h/

タイアップ記事

《東洋英和の英語・国際理解教育》

将来、世界で活躍するためには、英語力は当然ですが、日本の文化について、その歴史も含め、英語でしっかりと説明することが求められます。また、海外では、自ら意見を発信し、誤解を招かないように対話を継続することが大事です。

本校がめざす英語教育は、社会に出てからディスカッションできる英語力です。そして、自分の意見を英語でしっかり伝えることができるようになることが最終目標です。

高等部長　楠山 眞里子先生

東《とう》洋《よう》英《えい》和《わ》女《じょ》学《がく》院《いん》中高部

日本文化を学ぶ生徒たち

School Data

所在地：東京都港区六本木5-14-40
ＴＥＬ：03-3583-0696
アクセス：都営大江戸線「麻布十番駅」徒歩５分、地下鉄南北線「麻布十番駅」・地下鉄日比谷線「六本木駅」徒歩７分
ＵＲＬ：https://www.toyoeiwa.ac.jp/chu-ko/

◆学校説明会
11月４日（土）　12月26日（火）
◆楓祭（文化祭）
10月20日（金）・21日（土）
◆入試説明会
11月25日（土）

今回は、学校内で華道、日本舞踊、茶道、剣道を学ぶ生徒さんに、それぞれの魅力についてお話を伺いました。

【華道教室：T・Mさん（高2）】

中1の楓祭で花を活けている先輩がかっこよく魅力的に見えたので華道教室に入りました。華道は自分の好きなように表現していいのですが、そこが難しいところでもあり、また探究心が向上する部分でもあります。

お花を活けるという行為だけでなく、お花を尊ぶ心やお客様を思いやる心が大切です。その精神面を海外の人にも伝えたいと思います。将来は子どもの教育支援に携わりたいと思っています。今夏、学校のスタディツアーでバングラデシュに行くのですが、しっかりと現地の状況を見てきたいと思います。

【日本舞踊教室：M・Mさん（高2）】

初めて日本舞踊教室を見学に行ったとき、先輩の踊りがすごくきれいだったので、私も先輩のようになりたいと思い入りました。

日本舞踊は師匠の踊りを見て覚えるのですが、それぞれの個性や内面が出ます。私は「ナチュラル」に見えるように気をつけて踊っています。日本舞踊は心を磨く伝統芸能なので、和の心を海外の人にも伝えていきたいと思います。

日本でも日本舞踊は一部の人だけの世界で、敷居が高いと思っている人が多いので、だれでも気楽に始められるということを伝えたいです。

【茶道部：N・Yさん（高2）】

入部したころは、所作を覚えるのに必死でしたが、高1の楓祭で初めてお点前を披露する機会があり、「お客様のためにお茶を点てよう」という思いが初めて芽生えてきました。お客様からの感謝の言葉も、とてもうれしかったです。

茶会の場は、静寂な空気のなかで行われるのですが、一期一会をとても大切にしています。また、お客様のために季節のお茶碗を選んだりするところも魅力の1つです。将来は、茶道で学んだ相手を思いやる心を大切にしながら、人と直接係わる仕事をしたいと思っています。

【剣道部：O・Nさん（中3）】

剣道は、礼儀や作法など日本古来の文化が大切にされているところがいいと思います。練習や試合などは、礼に始まり、礼に終わります。普段の生活でも挨拶は大事なので、そういったところに活かされていると思います。

剣道は1対1の勝負です。練習をすればするほど完全な打ち込みに近づき、結果につながる競技です。それが剣道の魅力かなと思います。

今後は英語だけでなく他の言語も学び、自分が学んできたことを世界の人へ伝えられるようになりたいと思います。

生徒たちへ新たな活躍の場を

普《ふ》連《れん》土《ど》学《がく》園《えん》中学校

School Information（女子校）　【タイアップ記事】

所在地：東京都港区三田4-14-16
アクセス：JR山手線・京浜東北線「田町駅」徒歩8分、都営三田線・浅草線「三田駅」徒歩7分、地下鉄南北線「白金高輪駅」徒歩10分
TEL：03-3451-4616　URL：https://www.friends.ac.jp/

有志生徒による主導で新学習スペースを設置

普連土学園中学校（以下、普連土学園）では、新しい教育の取り組みに次々と着手し始めています。その1つが「生徒による自主学習スペースプロジェクト」です。

コロナ禍において対面活動の自粛を経験した生徒たちの間で、改めて仲間と一緒に飲食もできて、教えあいながら自習できるスペースがほしいとの要望が高まり、それを受けて発足したのがこのプロジェクトです。

中高生から有志を募り、机・椅子の選択と配置、内装や照明のデザインまで生徒自身の手で行っています。２０２３年初夏までに意見を集約し、夏休み中に工事、９月から利用できるようにする計画です。

英国研修旅行にてフレンド派の足跡をたどる

質の高い海外研修やターム留学もスタート

海外との交流も充実させていきます。まずは３年ぶりに復活させるジョージ・フォックスツアー。フレンド派が始まったイギリス湖水地方を中心に、各地の教会や施設を巡り、建学の理念や教育方針の基本的な精神を学ぶことで、自分たちの学びの方向を再認識してもらう研修です。

また、世界に１００校以上あるフレンド派の学校（フレンズスクール）との交流も新たに進めており、女子校は普連土学園を含め３校のみのため、この３校の連携を強化していく考えです。

新しい海外研修として、アメリカの名門女子大学スミスカレッジで実施される女子校企画「Self Development Program」にも参加します。スミスカレッジの学生との濃密な対話や、ボストン交響楽団、ボストン美術館、ハーバード大学などを巡る９日間のプログラムです。さらに高１冬期の約２ヶ月をニュージーランドで過ごす「ターム留学」の準備も進めており、グローバルな学びをより充実させていきます。

東京理科大学キャンパスツアーの様子

高大連携で生徒の視野を拡大

普連土学園は、理系進学者が４割と多いこともあり、２０２２年に東京理科大学のキャンパスツアーを実施しました。２０２３年度からは連携協定を結び、教職志望の大学生が同校の教育活動に参加するなど、さまざまな形での高大連携が行われており、同様な連携は、東京女子大学との間でも進んでいます。

また、中学校舎（右上写真）は歴史的価値が高く、この夏に法政大学・建築学科の教員や学生が本格的な調査を行う予定になっており、その調査にも生徒を参加させる計画です。

2023年度 入試イベント日程

◆学校説明会（Web予約制）
10月10日（火）10：00
10月13日（金）10：00
11月７日（火）10：00
11月17日（金）10：00

◆学校体験日（Web予約制）
10月28日（土）９：00

※各説明会・イベントの詳細は、HPにてご確認ください。

ようこそ サクセス12図書館へ

小学生のみなさんにおすすめの本を紹介するコーナー。
本が好きな子も苦手な子も楽しんで読める本を探してきました。
自分に合った本を見つけて読んでみてください。

夢を諦《あきら》めないために、
どうすればいいの？

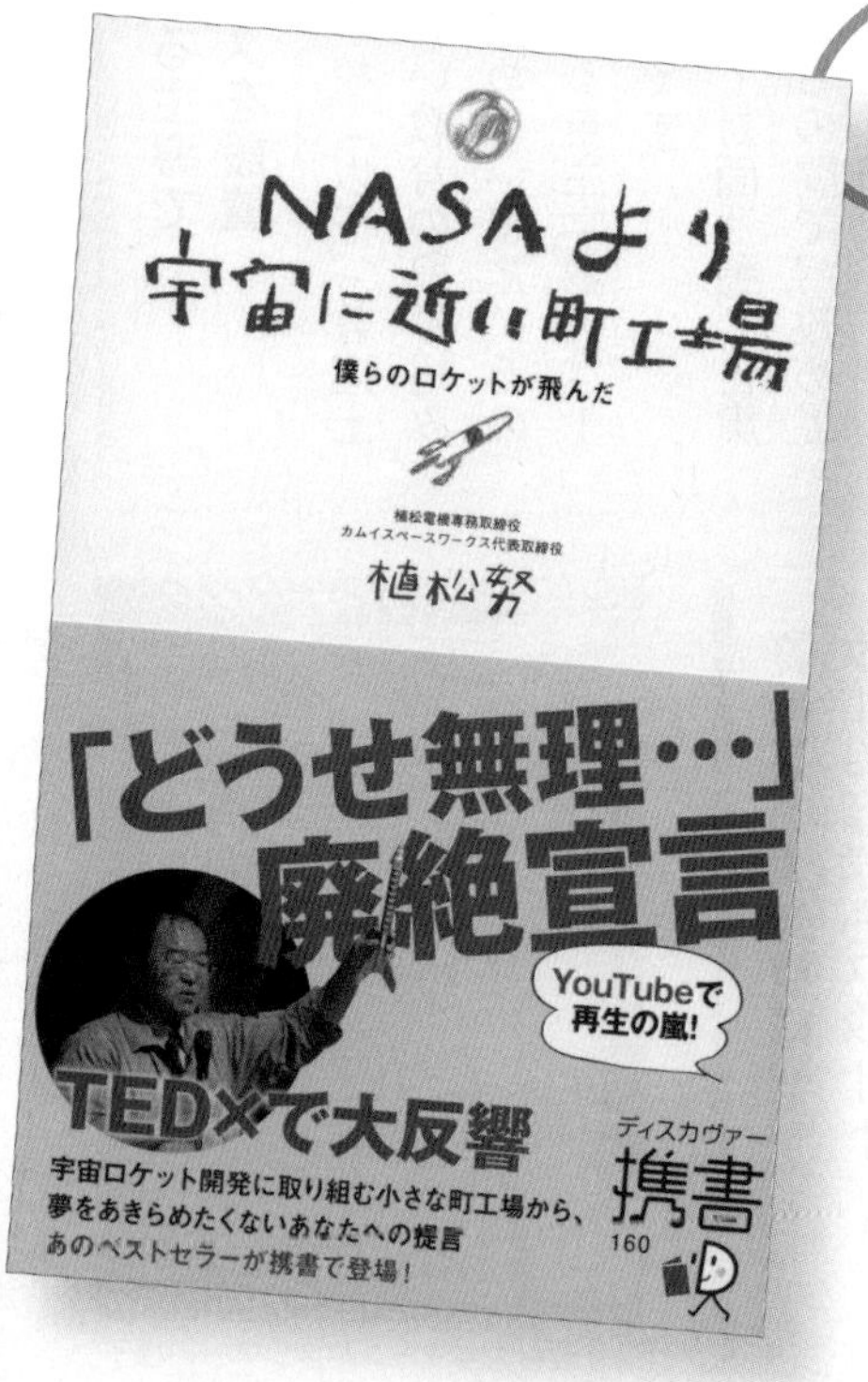

「NASAより宇宙に近い町工場」

●著：植松努
●1,100円（税込）
●ディスカヴァー・トゥエンティワン

北海道の小さな町工場が、ロケットや人工衛星をつくった！社長の植松努さんが宇宙開発を続けているのは、「どうせ無理」という言葉をなくしたいから。夢をかなえる最大のコツは、絶対に諦めないこと――考え方を少し変えるだけで、子どもも大人も、可能性は無限に広がっていくのです。

人間の大人には、
もう任せておけない！

「どうぶつ会議」

●文：エーリヒ・ケストナー
　絵：ヴァルター・トリアー
　訳：光吉　夏弥
●1,100円（税込）
●岩波書店

第二次世界大戦後、人間たちは世界平和のために国際会議を開きますが、ちっとも成果が上がりません。怒った動物たちは動物会館に集まって、動物会議を開きます。スローガンはただ一つ、「子どもたちのために……」。第二次世界大戦を生き抜いたケストナーとトリアーによる、子どもたちの未来を祈る絵本。

「プチ哲学」

保護者の方におすすめ

●著：佐藤雅彦
●713円（税込）
●中央公論新社

日常を、ちょっとだけ
深く考えてみる。

トンネルの左に頭、右にしっぽ。「なんて長いヘビなんだ！」と思ったら、なんだ、2匹のヘビだったのか。……かわいらしいイラストで描かれるシチュエーションから、自分の身の回りのことを少しだけ深く考えてみる「プチ哲学」。お子様とご一緒に、「考えること」を楽しめる本です。

もう、いつピンチが
来《き》ても大丈夫《だいじょうぶ》！

「人間なんて最低だ」と、
魔法使いは言うけれど……？

低学年の方におすすめ

「大ピンチずかん」

●作：鈴木のりたけ
●1,650 円（税込）
●小学館

大ピンチを知《し》れば、いつ大ピンチになってもこわくない。この図鑑《ずかん》は、よくある日常《にちじょう》のさまざまな大ピンチを、「大ピンチレベル」の大《おお》きさと「なりやすさ」で分《わ》けています。レベルの小《ちい》さいものから順《じゅん》番《ばん》に紹介《しょうかい》しているので、めくるたびにドキドキ！　あらゆる方面《ほうめん》からその大ピンチを解《と》き明《あ》かす、ユーモアにあふれた本《ほん》です。

「ロイド・アリグザンダー ユーモア作品集2 人間になりたがった猫」

●作：ロイド・アリグザンダー
訳：神宮輝夫
●1,320 円（税込）
●評論社

魔法使いにお願いして人間の姿に変えてもらった、猫のライオネル。喜び勇んで人間の住む町へやってきた。でも心は猫のままのライオネルには、とんちんかんなことばかり。そして町の騒動に巻きこまれて……。ユーモアとウィットいっぱい、人間になった猫のゆかいな冒険ファンタジー。

今年は、どんな夏を
過ごしましたか？

科学は
何を解明できるのか？

「海のアトリエ」

●作：堀川理万子
●1,540 円（税込）
●偕成社

おばあちゃんがまだ小学生だったころ、ある女性の「絵描きさん」と出会い、海の見えるアトリエで一緒にひと夏を過ごした――。少女だったおばあちゃんがのびのびと過ごした、宝物のような時間。優しいタッチで描き込まれた水彩画を通して、主人公と一緒に穏やかなひと夏を追体験できます。

「科学の最前線を切りひらく！」

●著：川端　裕人
●1,034 円（税込）
●ちくまプリマー新書

恐竜など魅力的な太古の動物たちはいかに生まれ、今の生き物たちとつながっているのか？　脳は日々どのような精密な働きを営んでいるのか？　悠久《ゆうきゅう》の昔から、現代の最先端科学まで。そして超マクロの視点から人体のミクロの領域まで。幅広い分野をリードする科学者たちが、その知的探究の全貌を明かす！

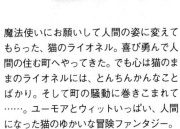

高校3年間の集大成
～1人ひとりの個性が輝く創作ダンス～

富士見中学校 ［女子校］

【スクール・インフォメーション】

住所：東京都練馬区中村北4-8-26　TEL：03-3999-2136　URL：https://www.fujimi.ac.jp/　アクセス：西武池袋線「中村橋駅」徒歩3分

「社会に貢献できる自立した女性の育成」を教育目標に掲げる富士見中学校高等学校（以下、富士見）。今回は、入学からこれまでの中1生の様子と6月に開催された体育祭での高3生全員による創作ダンスについてお話を伺いました。

仲間と切磋琢磨して、お互いを認めあう関係になってほしい

Q 入学からこれまでの中1生の様子をご紹介ください。

【学年主任：久保和幸先生】

1学期は、仲間とコミュニケーションがとれるようになることを目標に、色々な企画を行いました。まず、入学して1週間のオリエンテーション期間では、グループワークを中心に、ゲーム的なものも取り入れながら、意識的にしっかりと話しあいができるような環境をつくりました。

中1のオリエンテーションの様子

5月の連休明けには中2以上が遠足に出かけ、中1だけが学校に残る日があります。今年はその日に、「リアル宝探しゲーム」を行いました。謎解きでポイントが加算されていくゲームで、新入社員のチームビルディングにも活用されているようです。みんな楽しく取り組み、クラスの仲間ともだいぶ打ち解けたようでした。

それから少しすると中間テストです。日々の学習を見直しながら初めての中間テストに臨みました。

本校では1人1台タブレットを貸与していますが、今年度は、オリエンテーションのころからタブレットを貸与できたので、リアル宝探しゲームでも活用できたのがよかったです。また、中間テストが終わると、勉強もクラブ活動も本格的になり、タブレットの利用機会も増えてきます。そこで、中1の生徒全員で2学期からのタブレットの使用ルールを考えているところです。使用できる時間だけでなく、なんのために使用するのかについても考えてくれればいいかなと思っています。みんな積極的に話しあいを重ねているようで、2学期からどのようなルールで、そしてどのような意識を持ってタブレットを利用するのか楽しみです。

2023年度体育祭の様子

Q 2学期以降の目標はなんですか？

【久保先生】 2学期からはチームでの探究も始まりますので「協働」を意識していきたいと思います。9月に文化祭がありますので、それを取っ掛かりに「協働」する意義についてみんなで考えて、11月の宿泊行事に向けて実践していきたいと思います。

Q 生徒たちには今後どのように成長していってほしいですか。

【久保先生】 探究ではチームでの活動が活発になるので、ぶつかりあいもあると思いますが、お互いを認めあえる関係になってほしいと思います。そして色々なことに疑問を持って、主体的に学ぶことのできる人になっ

てほしいですね。

4年ぶりに声出し応援もできた 高3最後の体育祭

Q今年の体育祭のテーマは？

【体育祭実行委員長：Y・Aさん（高3）】「Revival ～輝きを取り戻せ～」です。コロナ禍前の体育祭に戻したいという実行員全員の強い思いからこのテーマに決めました。

Q体育祭の見どころは？

【Y・Aさん】事前準備から、企画、当日の運営まですべて生徒が主体となって行っているところです。とくに高3の創作ダンスは、高2の2学期から生徒全員で準備をして、体育祭当日は20分間踊り切る、富士見の体育祭、最大の見せ場です。

Q大変だったのは？

【Y・Aさん】コロナ禍で昨年まで実施できなかった競技を再開したのですが、その競技をやったのが中2だったのでよく覚えてなくて、競技のルールを決めるのが大変でした。実行委員のみんなと少しずつ思い出して、相談しながらルールを決めていきました。

Q体育祭の感想と卒業までの過ごし方を教えてください。

【Y・Aさん】昨年の体育祭の観戦は校庭と教室の入替制だったのですが、今年は生徒全員が校庭で競技を観戦でき、また声出し応援もできたのでとても感動しました。

体育祭実行委員長を経験し、計画を立て、決められた日までにその計画を実行することがどれだけ大変かがわかりました。今後は勉強にもこの経験を活かしていきたいと思います。そして富士見での残りの日々を1日1日大切にして、いままで以上に充実した学校生活を過ごしていきたいです。

高3生全員で創り上げる 富士見の創作ダンス

Q高3・創作ダンスの概要を教えてください。

【創作ダンス委員長：I・Rさん（高3）】今年のテーマは「栞《しおり》」です。18歳という人生の変わり目の1ページを忘れないように「栞」を挟むという思いからです。

高3生全員で踊る体育祭・創作ダンス

創作ダンスは「入場⇩扇⇩ゴース⇩ミックス⇩波⇩花時計⇩退場」という順番で構成されています。この構成をもとに、体育祭では7曲（20分）踊るのですが、それぞれの編曲や隊形を担当する係の生徒や先生方と何度も話しあいを重ねました。振り付けは実行委員が決めて、授業のなかで全員に伝えていきます。高2の9月から授業に間にあうように、朝や放課後、休み時間を使って実行委員たちと一緒に7曲分の振りを創りました。

Q気をつけていたことは？

【I・Rさん】自分が一番動くということです。委員長はみんなより何倍も頑張らないとまとめていくことができないと思ったからです。授業以外の時間は、すべてをダンス委員としての時間につぎ込むぐらいの気持ちでやっていました。

体育祭の2週間ほど前から始まる高3全員の合わせ練習では、全身全霊を傾けてやっていました。そして、頑張ってくれている高3生全員に、必ず「ありがとう」という気持ちを伝えていました。とても大変でしたが、とてもやりがいがありました。

ダンスだけを見ると、みんな画一的な振りで、多様性を重んじるいまの時代にそぐわないようにみえますが、1人ひとりが個性を発揮しなければ富士見の創作ダンスは絶対に創り上げられないと思っています。

Q今後の夢はなんですか。

【I・Rさん】体育祭までの9か月間、人ってこんなにまで変われるのだと実感したので、もっと自分がより変われる場所や新しい環境に身を置いて成長していきたいと思います。委員長として辛いこともありましたが、みんなが頑張ってくれたので私も頑張れました。

ダンス委員のことを思い出せば、これから先、どんなことも乗り越えられると思います。

子どものわがままを大事にしよう！

子どもを伸ばす子育てのヒント CASE 56

「うちの子はわがままで困る」と嘆く親御さんが少なくないと思います。しかし、臨床心理士の的場永紋さんによると、「わがまま」は子どもの成長にとって、大切なものだというのです。ですから、親は子どものわがままを大事にする必要があります。しかし、「大事にする」とは、ただわがままをゆるすということではないのです。子どものわがままにどう対応するべきなのか、的場さんに話してもらいました。

イラスト／宮野耕治

的場永紋
まとば・えいもん
臨床心理士、公認心理士。心のサポートオフィス代表。東京都スクールカウンセラー、埼玉県の総合病院小児科・発達支援センター勤務ののち、心のサポートオフィスを開設。子どもから大人まで幅広く心理支援を行っている。
［心のサポートオフィス］
https://kokoronosupport.com/
LINE ID:@408kdsdd

わがままを言えないと心の成長に悪影響が出る

みなさんは、「わがまま」に対してどのようなイメージを抱いているでしょうか？そもそも「わがまま」という言葉は、「自分勝手でわがままだ」と言われるように、あまり好ましくないマイナスの意味で使われる場合が多いと思います。そして、わがままな言動を示す子どもについては、「甘やかされているから、わがままなのだ」「わがままを言うのは、我慢が足りないからだ」と言われがちだと思います。

親が「甘えを許さず、厳しく育てないといけない」と考えると、わがままを許さず、我慢だけを強

「わがまま」は自立に必要な栄養素

▼

「自分の思い通りにする」という プラスの側面も

▼

主体性 積極性 さらには 創造性 自分らしさ の原動力に

いたり、厳しく規範を教えて、やぶれば罰するといった対応をするようになります。このような対応をとると、子どもは親の前でわがままな行動を見せなくなり、一見するとうまくいっているように感じるかもしれません。しかし、親の見ていないところでは他の子をいじめたり、あるいは極端に引っ込み思案になったり、感情をうまく調整できなかったりと、様々な問題を起こすことがあります。

わがままが言えず、規範を押しつけられて育つことによって、心の成長にとって悪影響が出てしまうのです。なぜかというと、「わがまま」は自立に必要な栄養素でもあるからです。「わがまま」には、「自分の思い通りにする」というプラスの側面もあるのです。「わがまま」が、「主体性」や「積極性」、さらには「創造性」や「自分らしさ」といった力の原動力となり、自分の人生を自分が望む方向に生きていくための力になっていくのです。

そもそも、赤ちゃんは自分の思い通りにしたい、なりたいといった想い、つまり「わがまま性」があるからこそ成長していきます。立ち上がって遠くに歩きたいという想いがあるからこそ、何度も転びながらもトライして、徐々に歩行ができるようになっていきます。成長するにつれて色々なことを学んでいくのも、「自分の思い通りにしたい」という「わがまま性」があるからなのです。

とはいえ、すべてが自分の思い通りになるわけではなく、成長とともに、思い通りにいかないことを体験していきます。いわゆる「しつけ」もこの時期に大切になってきます。しつけの目的は、わがままを言わないようにすることではありません。子どもが自分の欲求を自らコントロールできるようになっていくことが目的なのです。

まず、①大人が守るべき「枠組み（約束やルール）」を提示します。そして、②子どもは、その枠組みにぶつかって不快な感情を表出します。「買って！」「まだ遊んでいたい！」「嫌だ！」と言って泣いたり、わめいたり。ここで、子どもの「わがまま」が発揮されます。それに対して、③大人は、「買って欲しいんだよね」「まだ遊んでいたいんだね。帰るのは嫌なんだね」など不快な感情は承認し共感しますが、あくまでも枠組みは変えません。そうすると、④子どもは、「買って欲しいのになんで買ってくれないの!?」「まだ遊びたいのにどうして帰らないといけないの!?」ときちんと葛藤します。わがまま性が強い子の場合は、ここぞとばかりに、より強く泣いたりわめいたり、暴れたりするでしょう。それでも、枠組みを変えずに、待ってあげることが大切になります。葛藤している子どもが静かに落着くまで待つことで、⑤子どもが自らあきらめて、枠組みに添うような形で気持ちを落着かせていきます。

大事なのは自ら葛藤して コントロールする体験

このプロセスを繰り返し体験することで、不快な感情をうまく調整しながら、「わがまま（自分の思い通り）」に生きていくことができるようになるのです。「子どものわがままを大事にする」とは、②の「子どもが不快な感情を出す」ということを大事にするということです。

無視したり、従ってしまうのは×

親としては、安心してわがままが言える関係性を築きながら、子どもが不快な感情を表出しても、安定して枠組みを変えずに、「今欲しい気持ちはわかるよ。でも、今日は買わない約束だったね」と共感的言葉がけをしながら、待ってあげることです。泣き止まないために、落着かせようとつい枠を変えてしまうと、子どもは、自分のわがままをそのままの形で満たすことになってしまいます。この場合も、自らの欲求をコントロールする力は育ちません。子どもが自ら葛藤して、欲求を自らコントロールする体験を持たせることが大事なのです。

小学校高学年には、思春期に入っていきます。思春期は、改めてわがままさが出現する時期です。親や大人は「〜しなさい」「〜はダメだ」と言い、それに反して「自分は〜したい／〜したくない」という気持ちが高まってきます。親が守るべき枠組みを提示した際に、それに反発したり、反抗を示しくるようにもなります。親からすると、いわゆる「反抗期」であり、子どもからすると「自立期」といえます。

思春期にわがままさを発揮できることも、心の成長に非常に重要なことです。自分の想いが周囲と衝突するときにこそ、相手との対話を通して、お互いの理解が進んでいきます。ぶつかり合いがあるからこそ、その中で、「自分らしさ」や「相手らしさ」を理解していくことにつながっていくのです。

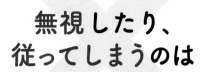

しかし、同調圧力の強い、思春期の同年代の関わりは、衝突を避ける形で関係を維持することが多くなってきています。「わがままさ」を発揮してしまうと、「自己中」と言われてしまったり、クラスで浮いてしまう恐れがあるため、周囲に合わせることを意識することが多いようです。また、学校は、個性を尊重する以上に、集団の規律を守ることを優先しがちなので、ますます外で「わがままさ」を発揮することは困難になります。そうした環境でも、自分の中での「こうしたい」という想いを、今いる枠組みの中で、自分なりに発揮できている場合は、大きな問題はないと言えます。

しかし、思春期になっても、わがままを言わずに、大人しく、大人の言うことをよくきく子ども

子どもを伸ばす子育てのヒント
CASE 56

子どもの葛藤に 共感し 付き合う

は、注意が必要な場合があります。我を通すことよりも、過剰に周囲に合わせて、自分の気持ちや想いを強く抑え込んでいることがあるからです。「過剰適応」状態になって、自分の想いを優先できなかったり、自己主張できない分、それが身体症状（頭痛や腹痛、発熱など）や精神症状（不安、無気力、不眠、拒食や過食など）として表現されることがあります。

　親としては、子どものわがままさが発揮できるように配慮することが必要です。子どもに過干渉になっていないかどうか、良い子を求めすぎていないか、親の期待に添うように操作しようとしていないかどうかを見直してみてください。家で親の愚痴や嫌味の聞き役になってしまっている子どももいますが、その役割は子どもに担わせるのではなく大人側で処理していくことが必要です。

　徐々にわがまま性を発揮しても大丈夫と思えるようになると、子どもは親の枠組みを無視して行動することが出てくると思います。そのときは、子どもの行動の責任を子ども自身が引き受けていけるように見守ることが必要です。例えば、ゲームを夜遅くまでしていて、宿題ができなかった場合、そのことで先生に叱られるのは子どもが引き受けるべきことです。そのことを、ガミガミと説教することは控えた方が良いでしょう。人を傷つける行為や自分が傷つく恐れがあるとき以外は、親は見守ることが必要です。

揺るがずに枠を提示して子どもと向き合おう

　一方的にルールを決めつけるのではなく、子どもの考えや意見も聞いて、一緒に相談して決めることも大切です。どうしても、親としては譲れない枠組みがあり、それに子どもが衝突して反発してきたときには、その枠組みを変えない姿勢が重要です。親が示した枠組みに不満を訴えたり、怒りを表明するかもしれませんが、そこでぶれずに枠組みを再提示すればいいのです。きっぱりと「ダメなものはダメだ」と通すことが親として求められます。それには、枠組みを守らせることの重要さを親がはっきり意識している必要があります。揺るがず、枠を提示し続けることは、すなわち子どもと向き合うことでもあります。とはいえ、何でもかんでも子どもと向き合ってしまうと、お互いに疲弊してしまうので、あくまでも対峙するときはこれだけは譲れないというものに限る必要があります。

　ぜひ、思春期になって、子どものわがままさが改めて出てきたときは、心の成長をさらにするチャンスだと思って、焦らず、心に余裕を持って対応してみてください。

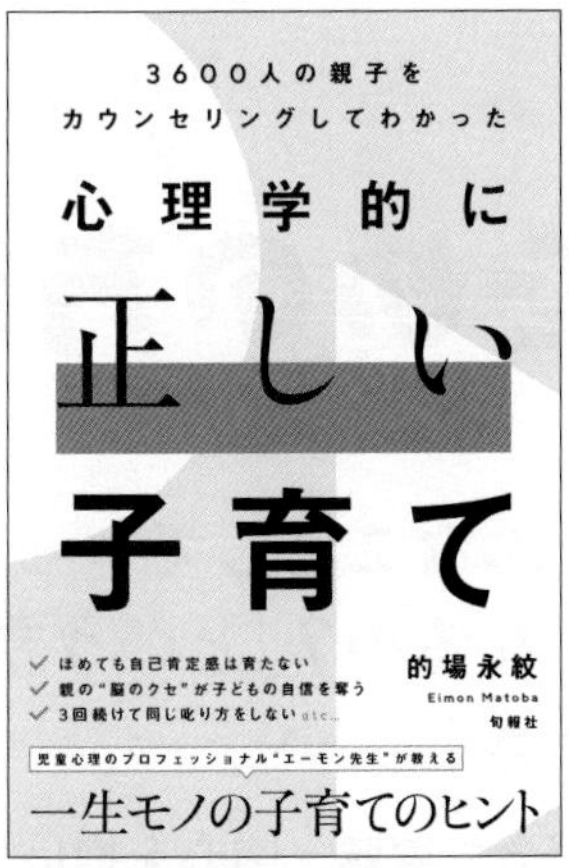

3600人の親子を カウンセリングしてわかった 心理学的に正しい子育て

この欄で連載してきた的場永紋先生の記事が本としてまとまりました。特にもう一度皆さんに読んでいただきたい内容を、選りすぐって編集してあります。是非、手に取ってみてください。
旬報社 発行　248ページ
定価：本体 1500 円（税別）

別に無駄じゃないし…ほっといてほしい

「親から『無駄なことばかりしていないで！』『もっと将来の役に立つことをしなさい！』とよく言われます。別に無駄じゃないし…ほっといてほしいと思います」（小6女子）

アドバイス

親は子どもの将来のことを見据えて、親の経験や価値観から「役に立つだろう」ことを子どもにさせたがるものです。でも、それは、あくまでも大人から見た役に立つことであって、子どもにとっては今、大切なことではないかもしれません。**ある人にとっては無駄であっても、他の人には無駄ではないということはたくさんあります。**

例えば、大好きなグッズを購入するのは、それを「推し活」している人にとっては、有意義な買い物であるけど、全く興味ない人にとっては無駄遣いに思えます。「役に立つ・立たない」「無駄・無駄でない」という判断はあくまでも1つの価値判断に過ぎません。大人は、生活全体が「無駄を省いて、効率よく行動すること」といった仕事モードになりがちです。遊びや無駄の時間を忘れがちになります。ぜひ、時間に追われてしまっている大人は、**無駄なことをする時間がたくさんあることの大切や有意義さを思い出してください。**

子どもの本音

子どもが無駄を大事にするための方法

3 退屈さを味わってみる

現代はいつでも・どこでも自分の好きなことにアクセスできる環境が整っているため、退屈さを味わえる時間が減っているかもしれません。忙しさは心をダメにしていくので、ときには退屈、暇であることを味わってみることも大切です。

4 「しないことリスト」を作ってみよう

大人は子どもに「あれもこれもしなさい」と言ってくるかもしれません。それに対抗して「これはしないぞ」、「したくないぞ」というリストを考えてみるのも面白いですよ。

5 「そんなことしていったい何になるの？」という言葉に惑わされない

子どもが好きで興味・関心を抱いてやっていることに、大人は「そんなこと無駄でしょ」「意味あるの？」と言ってくるかもしれません。自分が大切にしたいこと、夢中になることであれば、その言葉に負けないように！！

ココロとカラダの特集

的場永紋先生の 親の悩み

親が子育てに悩んでいるとしたら、子どもにも、不満や悩みがあります。このコーナーではその親の悩みと子どもの本音の両方に対して、的場永紋先生が臨床心理士の立場からアドバイスします。

小5の息子が自分の気に食わないことがあると、キレて暴れてしまいます。

アドバイス

人は自分の思い通りにならなかったときに、不快な感情になります。そして、一瞬、ムッとするだけで、切り替える人もいれば、ずっと不満を溜めて、しばらくイラついたままでいる人もいます。不快な感情になったときに、その感情に振り回されないためには、不快な感情をしっかり感じ、心の中で抱えておけるようになることが必要です。

子どもが嫌な気持ちになったときに、その不快な感情を安全に抱えていられることが大切になります。そのためには、親が不快な感情を否定せずに、そばで見守ってあげることが必要です。子どもが怒っているときに、「怒ってはダメ」と言ったり、泣いているときに「泣かない！」と叱ってしまうと、子どもは怒りや悲しみといった感情を、「抱いてはいけない悪いものだ」と考え、感じないようにしてしまいます。同じように、痛みなどの身体感覚に対しても、「痛くないでしょ」と否定してしまうと、自分の身体感覚を実感できなくなってしまいます。感情は身体感覚も伴うため、身体感覚を抑え込んでしまうと感情も感じられなくなってしまいます。キレてしまう子は、身体感覚に乏しく、自分の怒りの感情に気づく前に行動化してしまうのです。

まずは、親などの人との関わりの中で、不快な感情になっても、落ち着きを取り戻せる体験を積み重ねていくことが大事です。マッサージやリラクゼーション法、ストレッチなど、身体の感覚に注意を向ける練習も役に立ちます。**自分の身体感覚をしっかりと実感できるようになれば、自分がどのような感情になっているのかを把握しやすくなります。**日頃から、親子で怒りや悲しみ、不安、嫉み、恥などのネガティブな感情を大切に味わっていけるとよいと思います。

1 「無駄なこと」はみんなにとっての無駄ではない

無駄か無駄でないかは、あくまで人よって違う価値判断にすぎないことを忘れない。大切なのは「自分に取ってどうなのか」なのです。

2 無駄にも効用もあることを知ろう

無駄だからといって、悪いこととはいえません。無駄な時間や無駄なことの中に、「豊かさ」や「創造性」が潜んでいることが多くあります。

関係を育む方法

ドラえもんでわかるシリーズ、
今回のテーマは人間関係についてです。
子どもは周りの人との付き合いを通じて、
人間関係の大事さを学んでいきます。
親、きょうだい、友だち、先生、
祖父母といった人たちから
子どもはどういう影響を受けるのでしょうか。
４回目は友だちが教えることを考えます。

文／齋藤修司　臨床心理士、公認心理師。
都内にカウセリングルームを持っている
イラスト／土田菜摘

４ 友だちが教えることって

友だち関係の中で自分なりに選択

＝

親の価値観を否定

⇓

自立の方向

社会的な場面での適応度を向上させる

親になると、自分が子どもだったころをすっかり忘れてしまいます。息子が友だちと遊ばずに家でぼーっとしていると「自分から友だちを誘わないとダメだよ」と苦言を呈しますが、筆者は恥ずかしがり屋で友達を誘ったことなど数えるほどでした。

筆者は友だちが多くはなくよく一人で遊んでいましたが、息子は自宅に友だちを招きゲームにはげんでいます。私は、いまだに人を招くと何か落ち着かないですし、どう接遇して良いか戸惑います。

一方、息子は最初からゲームが目的なのでしょう、実に自然とゲームを始め、そして一区切りしたらむぎ茶を取りに行って「飲む？」と聞き、ついでにアイス棒をわたします。友だちもまんざらでもなさそうです。

私よりよほど堂に入っていますが、呼び始めたころはポケカを大盤振る舞いし、そのうちに相手がポケカをクレクレになってしまい、呼ばなくなったそうです。無理なく接しないとうまくいかないのだな、と何となく学んだのでしょうね。

実はこの大盤振る舞い、「悪い気はしないだろう」と筆者がたまにやるやり方です。このアイス棒作戦は友だちの家に行ったときに友だちがしてくれたそうです。見たり体験したりして覚えたのです。

しかし先述通り、覚えたことがうまくいくかは結局やらないと分かりませんよね。それをするのが友だちとの関わり、一種の社会場面として機能します。色々実行して、社会的な場面での対人関係の適応度が向上します。

例えばスネ夫、上から目線で自慢ばかり、周囲に精神的な不快さを与えます。全てとは言いませんが、スネママの影響がきっとありますよね。ジャイアンがスネ夫のものを強奪するのは、そういう鼻持ちならないところが関係している気がします。

そこで彼は強奪を防ぐため、（特にジャイアンには）いたずらに自慢をしないようにします。すると、トラブルが減りますね。もちろんすぐには切り替えられませんが、続ければ早晩「鼻持ちならない人」から脱するでしょう。

また、のび太に対しては特に「のび太のくせに生意気」と辛辣で、ジャイアンのいじめをアシストします。しかしこれ、周囲の評判は悪く、しずかちゃんなどは気持ちが引いてしまって帰ることさえあるほどで、要はうまくいっていないのです。

しかし、『横取りジャイアンをこらしめよう』の回でスネ夫はジャイアンに追いかけられるのび太を助けます。これ、周囲の受け

ドラえもんでわかる子どもの人間

は良いですね。しずかちゃんも好印象を抱くでしょうし、適応度が向上します。

友だち関係を保障し彼らの世界を認める

友だち関係では、日々こうしたことが自然に生じます。普段からジャイアンに強奪され嫌な思いをしているから、しずかちゃんに嫌われるから、あるいは何となく助けた、スネ夫の心の中はわかりません。いずれにせよ影響し合い、行動が変化していきます。

ところでこのように肯定的な変化なら良いのですが、友だち関係から好ましくない言動も覚えてきます。友だち集団には「大人＝社会的な存在」がおらず、言動について社会的に正確な評価を下せないからです。

たとえば『うっせぇわ』という曲が流行ったとき、「なんて言葉使いだ」と眉をひそめる大人もいたでしょう。あまりに社会的にそぐわない表現です。しかし、子ども集団は「わかる、わかる」と共感し瞬く間にその表現が広がりましたよね。

このようなとき、もし社会的にそぐわない言動だからと子どもの価値観より社会的な評価を優先して、そうした曲に触れることを禁じスマホを取り上げでもすれば、『うっせぇわ』は聞かなくなるでしょう。

一方、子どもにとっては「自身の価値観と基準」を否定され、自分の行動がいつでも周りの基準の下に選択されることになります。こうすれば主体性はかえって邪魔で、自分で決められなくなります。

そもそもですね、アニメドラえもんに社会的な評価を下せば、ジャイアンは暴力男、スネ夫は嫌味なヤツということになって子ども集団は成立せず、のび太にとっての社会的場面はなくなります。

こういうとき、「うっせぇわ、はあまり良い言葉遣いではないねえ」くらいで「子ども集団の価値観と基準」で行動することを許容しておけば、自分たちで考え、決めて、行動する機会が増えていきます。自立の方向に向かうわけですね。

さらに、思春期以降の子どもは「親の価値観が全てではないのだな」と体験し、ある意味、親の価値観を否定して自分なりの選択をしていきます。こうしたことは、友だち関係を持たず大人との関わりだけでは達成できません。

特に、現代は生き方が多様でかえって不自由です。選べる分、選ばないといけないですから益々自己選択は重要になっています。依存的に生きることは劣等感に繋がりかねず、適応度を下げます。ですから友だち関係の重要度は増しているのです。

将来、スネ夫は貿易会社の社長、ジャイアンは独立スーパーを経営、のび太はしずかちゃんを射止め、それぞれ親が思いも寄らなかった自立を果たします。パパママは友だち関係に干渉せず、むしろ突然現れたドラえもんの居候まで受け入れました。アニメドラえもんは、親が子どもの友だち関係を保障していますよね。

子どもにとって、親の価値観はあくまで一つの価値観に過ぎません。社会的な評価や価値観を伝えるのは大切ですが、子どもの友だち関係を保障し、彼らの世界を認めて見守ることもまた、同じように重要なのです。

子育ての参考書

あなたの子育てを4つのタイプに分類してチェック

子育てに役に立ちそうな本を紹介するコーナー、今回、取り上げたのは『犯罪心理学者は見た危ない子育て』です。法務省の心理職として、1万人以上の犯罪者、非行少年を心理分析してきた筆者が、子どもの成長を誤らせる危ない子育てについて、語っています。子どもに影響を与える親の養育態度を4つのタイプに分類し、解説しています。まずはあなたのタイプを特定してみてください。

イラスト／the rocket gold star

SB新書
定価：本体900円（税別）

出口保行

でぐち・やすゆき／犯罪心理学者。1985年、東京学芸大学大学院を修了し、心理職として法務省に入省。全国の少年鑑別所、刑務所、拘置所で犯罪者の心理分析をしてきた。その数は1万人を超える。2007年に法務省を退官し、東京未来大学子ども心理学部教授に着任。13年から同学部長。著書に『犯罪心理学者が教える子どもを呪う言葉・救う言葉』（SB新書）がある。

4タイプどれにしても行き過ぎれば偏りが

この本では「危ない子育て」を４つのタイプに分けて説明しています。これはアメリカの心理学者サイモンズが、親の養育態度が子どもにどういう影響を与えるかを調査研究して考案した「サイモンズ式分類」がベースだということです。

サイモンズは親の養育態度の方向性を「支配」「服従」「保護」「拒否」ととらえました。「支配」は子どもに命令したり、強制したりする養育態度。「服従」は親が子どもの顔色をうかがうように接し、子どもの言いなりになる養育態度。「保護」は子どもを必要以上に保護しようとする養育態度。「拒否」は子どもを無視したり、拒否したりする冷淡な養育態度。その方向性の組み合わせで、図のように４つの子育てのタイプが生まれます。

筆者は少年鑑別所において、多くの非行少年の心理分析を行う中で、非行の背景に親の養育態度の偏りを感じたと言います。この偏りは、子育ての４タイプどれでも生まれます。どのタイプが悪いのではなく、どのタイプでも、行き過ぎれば偏りが生まれてしまうのです。

この本では「過保護型」「高圧型」「甘やかし型」「無関心型」の４つのそれぞれのタイプについて、子どもの非行の実例をあげて説明しています。例えば「過保護型」のヒロカズのケースは「自宅で覚醒剤を複数回使用し、家を飛び出して走り回るなど奇行により通報、検挙された」子どもについてです。このように、犯罪心理学者が非行について語ると、ちょっと怖く感じて、自分たちとは無関係だと思いたくなりますが、よく読むと取り上げられている子育てのゆがみは、日頃ありがちなものなのです。そのゆがみをそのままにしておくと、危ない領域までいってしまうということなのです。

自分のタイプを見極め その危険性を知ろう

「過保護型」の親は子どもが望む以上に世話を焼き、手助けしてしまいます。子どもに先回りして安全を確保します。その結果、子どもは本来なら発達過程で身につく問題解決能力が身につきません。親が判断して援助を続けると、子どもは依存的になり、自立心が育ちません。さらに、親も子どもから援助を求められることを求めてしまい、共依存に陥ってしまいます。過保護型は子どもが成長する機会を奪ってしまうのです。

「高圧型」の親は子ども対して支配的で、何かと束縛し、些細なことにも干渉しまいます。従わない場合には罰を与えることも多く、恐怖心をあおることもあります。子どもは親の顔色をうかがうようになり、自主的、積極的に物事に取り組もうとする意欲が育ちません。自分の存在を認められていないという思いが強く。自己肯定感が低くなります。こうした高圧型の親がやっていることは、子どもをマインドコントロールすることにつながります。マインドコントロールされた子どもは、そこからなかなか抜け出すことができません。

「甘やかし型」の親は、子どもの顔色をうかがい、言いなりになります。子どもがほしいものをほしいだけ与え、我慢させることをしません。そのように育てられた子どもは、何でも自分の思い通りになると思い、自己中心的になります。共感性が乏しく、他人の目線で物事を考えることが苦手です。甘やかし型の親は「甘え」と「甘やかし」の違いを理解していません。子どもの「甘え」に対応して子どもを安心させるのは自立させるために必要です。でもそれは、子どもの言いなりになることではありません。

「無関心型」の親は子どもへの関心が薄く、自分の生活を中心に考えています。衣食住を保証すればよしとして、根底に愛情が不足しています。子どもは愛情飢餓状態に陥ります。被害感や疎外感が強く、自分を大切だと思えなくなります。コミュニケーション能力に乏しくなり、対人トラブルを起こします。

あなたの子育ては４つのタイプのどれに近いですか。自分の子育てのタイプを見極めて、その危険性を知ることが大事です。この本はそのための手助けをしてくれます。

【子育ての4タイプ】

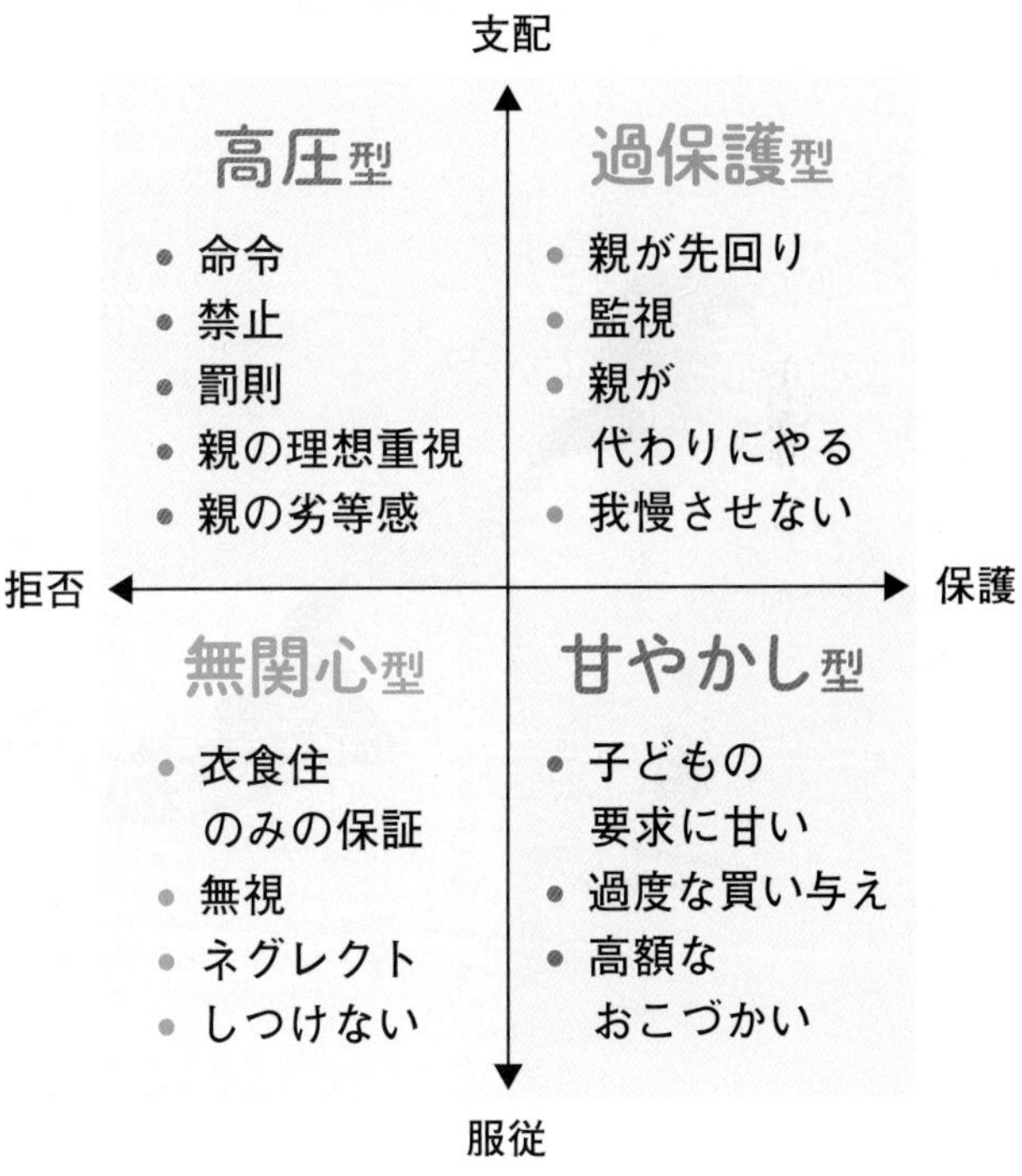

過保護すぎると自分で決められない子になってしまう!

たまった疲れをはきだす「トカゲのポーズ」

教えてくれたのは

畑中麻貴子先生

ヨガインストラクター&ライター。ヨガや太極拳、気功、ソマティックスなボディワーク、セラピー、食など東西のさまざまな学びを通じ、いかに自分の身体と仲よくなり、本来持っている「健やかさ」を培っていくのかを探求中。
https://instagram.com/asamakico
写真／米田由香（ぬくもりフォト）

股関節まわりやお尻まわりを深くストレッチする「トカゲのポーズ」。長時間座った後に行うと、体にたまった疲れがリセットされます。

●カラダへの効果
インナーマッスルを含む下半身のストレッチと筋肉の強化、両方が期待できます。

●ココロへの効果
全身の血行が良くなり、ポーズの後は頭もスッキリ、気分が整います。

基本バージョン

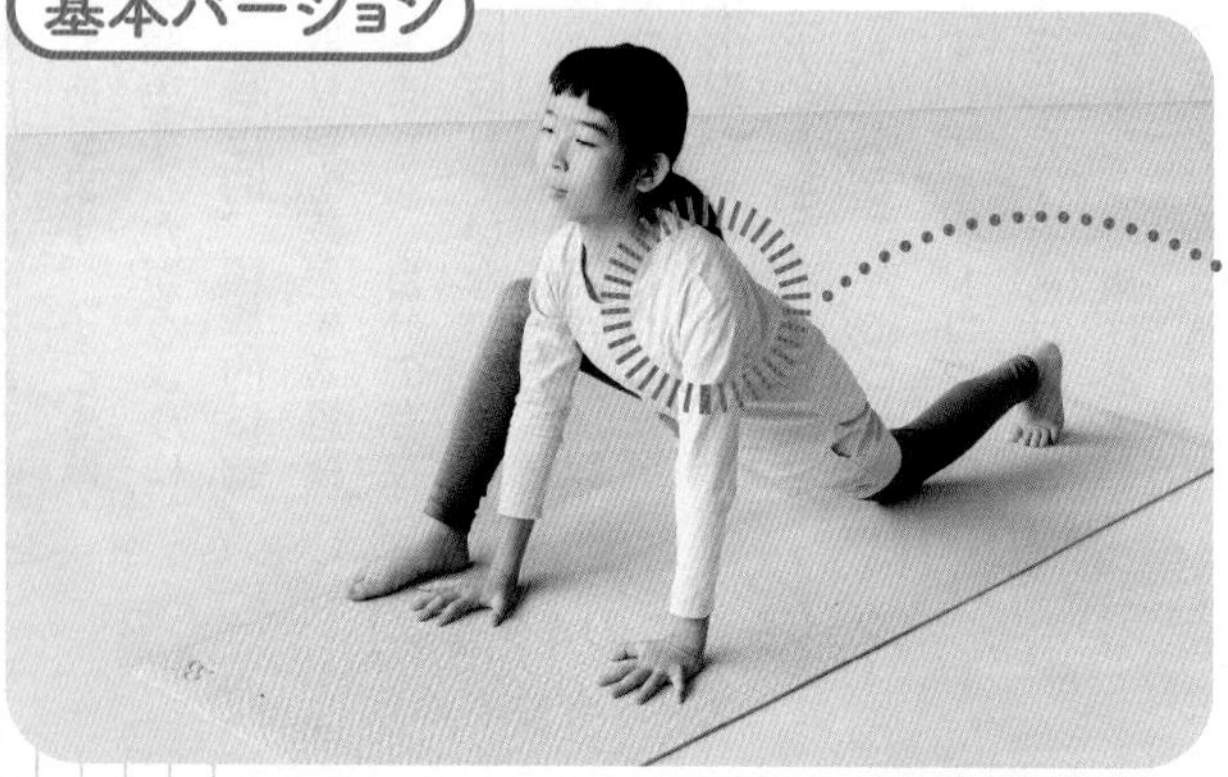

足を前後にひらいてストレッチ「トカゲのポーズ」の完成

ポイント
首を長く保って、肩をすくませない

❶ 四つんばいになります。手のひらは指をパーに開いておき、足の指は立たせます。

❷ 右足を右手の外側に大きく1歩踏み出します。右足のひざが指先より前に出ないようにする。

リラックスバージョン

ひじをマットに置いた難易度の高いポーズにもトライ

股関節の柔軟性により、さらにポーズを深めてみましょう。ゆっくりとひじを曲げ続け、可能であればマットにひじをつけます。顔を下に向けて、首を休ませます。ゆったりと背骨が伸び、リラックス感が高まります。ポーズが完成したら、10回呼吸をします。反対の足も行います。

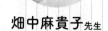

保健室から子どもたちに栄養と笑顔を届けたい

保健室は子どもたちにとって大切な居場所です。
そこでは、担任の先生や親の前とは違った顔を見せてくれます。
子どもたちの今を、保健室よりお伝えします。

文／五十嵐 彩・いがらし あや　東京都内の公立小学校で養護教諭
イラスト／ふじわら かずえ

「もう少し前にママの投げた箱がここに当たったかもしれない」

「先生、背中が痛い！Ａちゃんとぶつかったの」と１年生のヒビキとＡちゃんが連れ立ってやってきました。授業中に先生に丸付けしてもらおうと並んだ時に誤って背中と腕が当たったとのことでした。念のためぶつかった箇所を診ますが予想通り外傷はありません。「今度から気をつけてね」と話しながらも、私はヒビキの鼻の横にほんの小さく皮膚の色が変わっていることに気づきました。

「念のための保健室来室」なのは２人も同じようで、すぐに手を繋いで保健室を出て行こうとします「あ！そうだ。ヒビキちゃんの視力測定終わってないんだった！ちょっと待って！」と、いかにもという理由をつけてヒビキを保健室に、Ａちゃんには保健室の廊下で待つように言いました。ヒビキに「このケガどうしたの？」と鏡を見せながら聞きました。「ちょっと触っていい？」と鼻の横にそっと触れると痛そうに顔をしかめます。「痛かったねごめんね」と言いながらヒビキの目を正面から見つめます。するとヒビキは「昨日、公園で遊んでいてＢくんの手が当たったの」と話し出します。「そうか、それは痛かったね。ちょっと冷やそうか？」「うん」「でも、本当に昨日かな？このキズはもう少し前にできたと思うけど」ヒビキは困った顔で見つめてきます。「確かに、昨日なのかな？」と言うと、じっと私を見つめて「昨日もぶつけたんだよ。でも、もう少し前にママの投げた箱がここに当たったかもしれない」「あらら、箱が当たったらとっても痛かったでしょう？気がつかなくてごめんね。やっぱり冷やしていた方がいいね」と氷を準備していると「嘘ついたって怒ってる？」と聞いてきました。「怒ってないよ。ヒビキは本当のことを話してくれたでしょう？」とそっとヒビキの頭に手を置きました。するとヒビキは力強く頷きました。

「一番好きなのはおばあちゃん。お母さんにはそのことは内緒」

ヒビキは入学前の引き継ぎで、ネグレクトの疑いがあると連絡を受けていました。保育園では「お母さんに叩かれた」と明るく話してくるとも耳にしていました。小学校に入学してからも何度か「お母さんには言わないで」と、母親が投げた物が当たったことや、大声で怒っているということを保健室に話しにきていました。初めのうちは「お母さんは大好き。お父さんはヒビキのこと大好きだけどヒビキはお父さんはちょっと好きくらい」と言っていましたが、いつの日からか**「お母さんもお父さんも好きじゃない。一番好きなのはおばあちゃん。**でも、お母さんにはそのことは内緒にしてるの」と言うようになりました。ヒビキは明るくおしゃべりでどんな大人とも物怖じせずに話ができるため、色々な先生に話しかけますが、お母さんのことは私と担任にしか話しません。信用されていると思う反面、私が心配しすぎると「お母さんがらみと疑っているのでは」と思われて、いつの日か口をつぐむようになってしまうかもしれないとヒヤヒヤした思いも抱えています。とにかく私には、ヒビキの言葉を信じて受け入れること、耳を傾けることしかできません。母親の存在を否定するのではなく、母親もヒビキもまるごと支援できるような体制を整えたいと思っています。（現在は、母親も理解の上、家庭支援センターと繋がっています。）

保健室で子どもたちと接していると、なんとなく満たされない、居場所がない、親に本当のことが言えないという子どものサインを受け取ることがあります。そんな子どもたちに自分は何ができるだろうかと日々葛藤しながらも、小学生という大切な時期に必要な“栄養分”を少しでも多く注ぎたいと考えています。**親からの“栄養分”を受け取りにくい状況にあるなら、周りにいる大人がその存在を認め、愛情を注いでいくことが必要です。**保健室から少しでも子どもたちに栄養と笑顔を届けていきたいと思っています。

子どもたちの名前は仮名です。個人が特定できないように事実関係に手を加えている場合があります

ココロの Interview 101

はしのえみ
［タレント］

41年間築き上げてきたものが子どもですべてひっくり返された

情報番組の〝姫様〟キャラで大ブレークし、一躍お茶の間の人気者となったはしのえみさん。幼い頃からの「タレントになりたい！」との夢をあきらめず、16歳で鹿児島から上京して以来、腐らずにひたすら努力をした結果でした。お子さんを授かったのは41歳の時。「遅咲き母」と自称するはしのさんの今までの道のりや、子育てに奮闘する日々を伺いました。

文／条美奈子

大らかな母に育てられた自分にはとてもできない

鹿児島の田舎育ちですから、小さい頃は真っ黒に日焼けして、ずっと外で遊んでいるような子どもでした。好奇心は旺盛なほうで、目にするもの、耳にするもの、すべてやりたい！という感じ。だから、習い事もたくさんしていたのですが、残念ながら長く続いたものはありませんでした。

母は割と柔軟なタイプなんです。私がこんな習い事をやりたいというと、すぐに「やってみたら」と賛成してくれて、その一方で「もうやめたい」というと、一応理由は聞かれるものの、とりたてて反対することもなく、やめさせてくれました。

宿題なども私が「やだな、やりたくないな」と言うと、母は「じゃあ、やらなくていいんじゃない？」と言うんです。それを聞くとさすがに私も「いやいや、宿題はやらなくちゃだめでしょう」という気持ちになり、結果的には勉強をしていました。

いまになって考えると、これは母の作戦だったのかなと（笑）。大人になって母に聞いてみたところ、母の親は厳しく、「勉強しなさい」とうるさく言われて育ったそうです。母自身、それがすごくいやで、勉強しろと言われると反対にやる気がなくなるということを身を持って体験していたので、子どもには「勉強しなさい」とは言わなかったみたいです。

私も今、娘が小学2年生になり、宿題も難しくなってきているのですが、「やらなくていいんじゃない？」なんて言える大らかさというか、度

胸はないですね（笑）。そこまで子どもを信用しきれていないのかもしれません。娘がそれを真に受けて、本当に勉強しなくなったらどうしよう、と思ってしまいます。そう考えると母はすごいですね。

習い事は長続きしなかったけれど、小さい頃からずっと持ち続けていたのが「タレントになりたい」という夢です。私の子どもの頃は歌番組全盛の時代で、それを見ているうちに、歌って、踊って、みんなを楽しませることをやってみたいと思うようになったのです。

とはいえ、当時の鹿児島には今のようにダンススクールやタレント養成スクールはなく、夢だけがどんどん膨らんでいく状況。それで14歳になった時に芸能事務所のオーディションを受けたんです。結果は見事合格。高校生になったら上京する運びになりました。

「タレントになる」という私の夢に、真面目な父は大反対でした。事務所のオーディションに合格しても、反対の気持ちは変わらず、上京するに当たって事務所の社長さんに一つ条件を出しました。それが「この子に可能性がないと感じたら、すぐに鹿児島に返してください」というものでした。

結婚する30代後半までは自分のためだけに生きた

父がしぶしぶながらもOKしてくれたのは、自分自身の経験も関係していたようです。父は紳士服販売の仕事をしていたのですが、私が中学1年の時に脱サラして夢だった自分のお店を持ちました。自分は夢を叶えるために家族に協力してもらったのに、娘の夢に反対するのはおかしいんじゃないかという葛藤があったみたいですね。

一方、母からは反対はされませんでした。母は父が自分の店を持つときも、「やりたいことがあるなら、やったらいいんじゃない？」と、全然反対しなかったんですよ。母に「お店がうまくいかなかったらどうしようって考えなかったの？」と聞いたことがあるのですが、「お父さんが失敗するはずないと思っていた。まあ、ダメでもなんとかやっていけるんじゃないの」と。だから、反対しようとは思わなかったそうです。

結局、高校1年まで鹿児島で過ごし、その後に上京しました。仕事と学業を両立するために、高校は夜学に通うことになったのですが、環境があまりに変わったせいで、仕事も学業も思うように行かなくて焦りました。それで父に「学校をやめて、仕事に専念したい」と言ったことがあったんです。

そうしたら父が、「何があっても、何歳になってもいいから、とにかく高校だけは絶対に卒業しなさい」と言って、母を私の元によこしてくれたんです。「お母さんと一緒に生活して、いろいろ助けてもらいながら、頑張りなさい」と。それで、20歳くらいまで母には東京で一緒に生活してもらいました。

娘のおはなちゃんと一緒に。楽しく愛おしい子育ての日々はブログでも発信中！

私にとって、母は近くでフォローしてくれる存在。私がつらくならないように、気持ちを引き立ててくれます。父は少し遠くで、客観的に見てくれる存在です。気持ちを引き締めてくれるような意見を言ってくれます。ふたりでとても良いバランスで応援してくれました。

上京して2年間くらいはけっこうつらい日々でしたね。そんなときに、父から手紙をもらいました。手紙には「芸能界の仕事は努力や実力だけではだめで、縁やタイミングなどがうまく重なった人が成功できる世界だと思う。えみがそんな中で頑張っていることをとても誇りに思っているけれど、もし疲れたり、傷ついたりしたときは、いつでも鹿児島に帰ってきなさい。あなたの巣は鹿児島にあるんだから」と書いてありました。それがとても心に響いて、いまでもその手紙は大切にとってあります

その後、縁があって萩本欽一さんが主宰する「欽ちゃん劇団」に参加することになり、そこから少しずつ好転していきました。欽ちゃんから学ぶことはもちろん大きかったし、同じ夢を持つ仲間たちができて、「次の公演を成功させよう」といった具体的な目標を持つことができたのも、モチベーションを維持するためには良かったと思っています。そうやって頑張っているうちに、人との縁やタイミングにも恵まれ、今があるという感じですね。

結婚したのが30代後半で、それまでは本当に仕事一筋、自分のためだけに生きてきました。ちょうど結婚が決まった頃、夫が体調を崩したことがあったんです。その時にたまたま鹿児島の幼なじみと電話で話していて、「私が彼にしてあげられることって、栄養のあるものを作ることくらいしかないんだよね」と言ったら、「えみちゃん、変わったね！」って驚かれたんです。「いままで自分のためだけにしか生きてこなかったのに、人のことを考えて行動するえみちゃんを初めて見た」なんて言われて（笑）。

子どものおかげで東京が仕事の場から家族で生活をする場に

子どもが生まれて、その傾向はもっと顕著になりました。娘のためにこんなにいろいろなことを考えるようになるなんて、思いもしなかったですね。また、子どもがいると、こんなにも自分が計画した通りに物事が進まないんだということにも驚かされました。41年

間に自分で築き上げてきたものがすべてひっくり返されたような感じでした。

高齢出産で大変なのは、体力が追いついていかないことですね。公園に遊びに行って、「鬼ごっこしよう」と娘に言われても、申し訳ないけれどそれはさすがに……という感じでした。「40代ママは子どもを注意するときに、身体が動くよりも先に声が出るので、どんどん声が大きくなっていく」と言われたのですが、確かにその通り（笑）。うちの娘が最初に言った言葉はなんと「よっこいしょ」でした。

上／浅草のレストランで毎日ショーがあり、忙しかった欽ちゃん劇団時代
下／家族４人で。仲の良さはずっと続き、両親は常に見守ってくれる存在だった

子どもには折りに触れ「あなたの一番の味方」だと伝えている

小さい頃に比べると、いまはずいぶん楽ですね。娘と一緒に同じことをしたり、なにげない会話を楽しめるようにもなりました。例えば、習い事の帰りに娘が「ちょっと寄り道して、アイス食べていかない?」なんて言ったりするんですよ。私も「おっ、いいね。アイス」って応えて、一緒にアイスを食べて「おいしいね」なんて言っているときに幸せを感じますね。私が体調を崩したり、ちょっと疲れているときには、「よく頑張ってるね」と言って頭をなでてくれたり（笑）。なんか頼もしいなと感じます。

40代からの子育ては大変でも得るものもすごく多い

40代からの子育ては大変ですが、得られるものもすごく多いです。その一つが友人。鹿児島には幼なじみで何でも話せる友人がいますが、実は東京にはあまりいなかったんです。私にとって東京は仕事の場で、仕事で知り合う方々は、友人というよりは知人という感じ。そんななかで、娘を通して友人がたくさんできました。娘のおかげで東京は仕事の場から、家族で生活をする場になりましたね。

子どもに対しての接し方は、自分の親を参考にしている部分が多いです。たとえば、娘には「私たちはあなたの一番の味方だよ」ということを、折に触れて伝えるようにしています。実際にそうした言葉は使わなくても、娘がそう感じられるような伝え方や聞き方を心がけています。これも私自身が親からしてもらって、大いに勇気づけられたことの一つです。

親が私の夢を精いっぱい応援してくれたように、私も娘がやりたいことは全力でサポートしたいと思っています。そのためにも、娘には自分の好きなこと、やりたいこと、楽しいと思えることを見つけてほしいですね。娘は「おはな」という名前なんですが、これはハワイ語で家族という意味。私たち血のつながった家族だけではなく、家族のような仲間たちにたくさん出会って、そんな人たちに囲まれて、好きなことに打ち込める人になってくれればいいなと思っています。

はしの・えみ

1973年鹿児島県生まれ。タレントを目指して16歳で上京。18歳で「欽ちゃん劇団」に参加し、数々の舞台を経験。1996年からTBS系の情報番組『王様のブランチ』のレギュラーとなり、"姫様"のキャラクターで人気者に。レギュラーを卒業したタイミングで子どもを授かる。子育ての様子などをブログ『遅咲き母の子育て日記おはな～!!』で綴っている。

タイアップ記事

昭和学院秀英《しょうわがくいんしゅうえい》中学校【共学校】

生徒が決め、生徒が動かす体育祭

昭和学院秀英中学校（以下、昭和秀英）は、千葉県内でも有数の難関大学進学率を誇る私立中学校。中高一貫校ならではの質の高い教育を実践しています。今年の昭和秀英の体育祭は、「生徒が決め、生徒が動かす」がテーマ。体育祭実行委員を務めた中2・中3生にお話を聞きました。

全校生徒を動かすために納得するまで話しあう

Q 今年の体育祭のスローガンを教えてください。

【天野佑音さん】「百花繚乱～熱き炎となれ～」です。「1人ひとりが熱い思いで取り組み、個性を発揮して、輝けるようにする」という思いを込めて、みんなで話しあって決めました。

Q 「生徒が決め、生徒が動かす体育祭」の実施に向けて、どのような点に配慮しながら準備を進めたのでしょうか？

【ポラード ジェイス 海斗さん】 なるべく全員の意見が反映されるよう、納得するまで話しあって決めることを大切にしました。生徒主導での体育祭は初めてだったので、なかなか当日のイメージがつかめず意見が分かれたことも。でも、そういうときこそ話しあって決めることが重要だと思いますし、それができたのでよかったです。

【佐藤祐貴さん】 実行委員が中心になって、全校生徒を動かしていかなければならなかったのですが、最初は思い通りにみんなを巻き込んだり、指示を出したりできず大変でした。

【小林隼太さん】 生徒主体で、できるだけ先生方の手を借りずに準備を進めました。準備期間が思っていたよりも短くて、限られた時間で、みんなの意見を合わせるのに苦労しました。

Q 体育祭当日の全校生徒のみなさんの様子はどうでしたか？

【大堀葉音さん】 私が印象に残っているのは「応援パフォーマンス」という種目です。各クラスがアイデアを出しあって、個性的な踊りをしたり、メガホンを作ったりして一丸となって楽しそうにしている姿が見られました。大変なこともあったけれ

体育祭実行委員の中2・中3生のみなさん

ど、中学最後の体育祭だったので、友達と一緒に実行委員に立候補してよかったと思います。

【小林さん】体育祭の途中で雨が降ってしまい中断になりました。残りの種目を別日に行うことになり、時間が短縮になってしまいました。予定していた内容をすべて実施できなかったので心残りもありましたが、みんなが楽しんでくれている様子が見られて嬉しかったです。

【天野さん】雨で中断になったあと、教室へ戻ったらみんなが「実行委員おつかれさま！」「頑張ってたね！かっこよかったよ」などと声をかけてくれて、すごく嬉しかったです。

参加している人も見ている人も楽しめる体育祭に

Q 体育祭実行委員を経験して、どんなことを感じましたか？

【佐藤さん】1人では難しいことも仲間と一緒に協力して取り組むことで、成し遂げることができるということを学びました。

【小林さん】たくさんの生徒を一度に動かすためには、的確な指示が必要で、普段先生方が当たり前にしていることは決して簡単なことではないのだとわかりました。

【ポラードさん】みんなとコミュニケーションを取ることの重要性を改めて認識しました。体育祭を経験して、将来は人とコミュニケーションを取りながら進めていけるような職業に興味を持ったので、また違う機会にも実行委員などにチャレンジしたいです。

【大堀さん】種目決めの際、色々なアイデアが出たのですが、なかには面白いけれど実施が難しかったり、危なかったりするものもありました。競技に参加している人だけでなく、見ている人も楽しんでもらうためにはどうしたらいいのか、相手の立場に立って考える大切さを学んだと思います。

【天野さん】相手に伝えたいこと、してほしいことがあるときに、どうやってそれを伝えたらいいかと考える機会がたくさんありました。相手に伝わる言葉選びや、あらかじめ準備や対策をする重要性などを知ることができたと思います。

生徒主導体育祭導入の狙い

社会でリーダーとして活躍するための力を身に着けてほしい

中学3年担任　山田真《まさ》誠《たか》先生

今年度から生徒主導の体育祭に切り替えた理由は３つあります。理由の１つめはコロナ禍で制約も多かった生徒たちに、自分たちの力で学校生活を謳《おう》歌《か》してほしいという思いです。２つめは本校を卒業したあと、変化の激しい現代においてリーダーとして活躍できる人材になるための経験を積む場になればと考えました。３つめは本校の生徒たちにはそれをやるだけの十分な力があると判断し、実施を決めました。最初はなにをしていいかわからず、なかなか自分たちから動けない生徒もいました。しかし、体育祭に向けて準備を進めていくうちに、体育祭を成功させるためには決して妥協しないという強い意志が感じられるようになりました。生徒たちは体育祭を通して大きく成長したと感じています。

学校情報

所在地：千葉県千葉市美浜区若葉１－２
アクセス：JR京葉線「海浜幕張駅」徒歩10分、JR総武線「幕張駅」・京成千葉線「京成幕張駅」徒歩15分
ＴＥＬ：043-272-2481
ＵＲＬ：https://www.showa-shuei.ed.jp/

雄飛祭（文化祭）

9月10日（日）一般公開（要予約）
※日時・内容は変更の可能性があります。
事前にHPでご確認ください。

サレジアン国《こく》際《さい》学《がく》園《えん》世《せ》田《た》谷《がや》中学高等学校〈共学校〉

個性豊かな仲間とともに主体的に過ごす学校生活

校名変更、共学化を行い、今春から新たな歴史を刻み始めたサレジアン国際学園世田谷中学校。多様性を認める環境で、1期生は意欲的に授業に臨み、英語力をはじめとした様々な力を磨いています。

互いを理解し受け入れる他者を尊重する姿勢を重視

確固たる自分を持って生きるための力を養う本科クラス（以下、本科）と、つねに英語に触れられる環境が魅力のインターナショナルクラス（以下、インター）があるサレジアン国際学園世田谷中学校（以下、サレジアン世田谷）。日本人教員に加え多くのインターナショナルティーチャーもそろう、国際色豊かな雰囲気に包まれた学校です。

そんな様々な個性が集まる同校だからこそ、多様性を受け入れる姿勢をとても大切にしています。そうした思いから、他者を知るためのプログラムが定期的に実施されています。

本科とインターの垣根を越えて行われたのは、質問の回答から簡単な性格診断をするというもの。このプログラムを通じて、自分、そして他者の考え方の傾向を改めて知ることができます。

「他者を受け入れるためには、まずその人を理解しなければなりません。自分と相手には、違うよさがある。その気づきを得ることで互いを尊重する気持ちが生まれるでしょう」とインター推進部長の上田かおり先生。

他者を尊重する姿勢は、教員による生徒指導の場面においても変わることはありません。頭ごなしに注意はせず、必ず生徒の思いを聞き、自らの行動や言動についての振り返りを促します。こうした指導体制によって、生徒と教員の間には確かな信頼関係が築かれています。

自己確立につながる思考力や発信力を磨く

サレジアン世田谷における学びの大きな特徴としてあげられるのが、

タイアップ記事

SALESIAN INTERNATIONAL SCHOOL SETAGAYA

全教科で導入されているPBL型授業※です。課題に取り組むなかで、自ら考え意見を持つことが習慣化され、さらにアウトプットの機会が豊富に設けられているため、表現力も向上していきます。

本科推進部長の市橋朋之先生は、「自分なりの考えを持つことは、アイデンティティーの確立にもつながりますし、それを周りの人と共有し、改めて考察すると新たな気づきが生まれ、さらに成長できるでしょう」と話されます。

生徒はPBL型授業を非常に楽しんでおり、意見を発信することにも積極的だといいます。それは英語でのプレゼンテーションにおいても同様です。

本科の英語の授業では、ある生徒が冗談を交えながらユーモラスにプレゼンをしたといいます。習った単語や文法を使いこなすだけでなく、自分なりに工夫しながら学ぶ生徒の姿がそこにはあります。

サレジアン世田谷には、インターがあるため、英語力向上に意欲的なのはインターの生徒だと考えてしまいますが、本科の生徒も英語力向上に邁進しているのです。

当然ながらインターの生徒も英語での発信に意欲的です。インターには、「アドバンスト（帰国生など一定レベルの英語力を持つ生徒が所属）」と「スタンダード（学習歴に関係なく英語の学習意欲が高い生徒が所属）」の2つのグループがあります。スタンダードの生徒も、HRの連絡事項を英語で伝えたり、英語で探究活動を行う「サレジアン・アカデミック・プログラム（SAP）」にも主体的に取り組んだりと、すでに驚くほどの英語力の上達をみせています。

中1から探究活動に挑戦 研究成果は学園祭でも披露

思考力を鍛え、発信力、表現力も伸ばすサレジアン世田谷の生徒たち。9月のサレジアンフェスタ（学園祭）では、1人ひとりがプレゼンテーションを行う予定です。

本科の生徒は「プレゼミ」での成果を披露します。「プレゼミ」は中2からの本格的な探究活動「ゼミ」に必要なスキルを身につけるための授業で、個々に「未来を切り開く」を意識した探究テーマを設定し研究を進めています。

インターの生徒が発表するのは前述のSAPでの取り組みです。これまでグループで行っていた日本や世界の伝統文化の研究を、各々が再度異なる視点で研究し直し、英語で来場者に伝えます。

「生徒は効果的なプレゼンをするために、『論拠は……。適切な声のボリュームは……』と試行錯誤しています。読者の方々もぜひ学園祭で、生徒の様子を見ていただき、学校の雰囲気を感じていただけたらと思います」（上田先生）

これまでお伝えしてきたような魅力的な授業を展開するサレジアン世田谷。その一方で、「学ぶ楽しさ」をテーマとした講演会や「不思議に出会う」ための校外学習なども行い、生徒に多くの刺激を与えています。

「好奇心が高く、なにごとにも一生懸命に取り組む生徒が集まる学校です。彼らは無限の可能性を秘めています。教員の役割は生徒が持つ考えやよさを引き出していくことです。中高の6年間で様々なことに挑戦したい、と考えるみなさんをお待ちしています」（市橋先生）

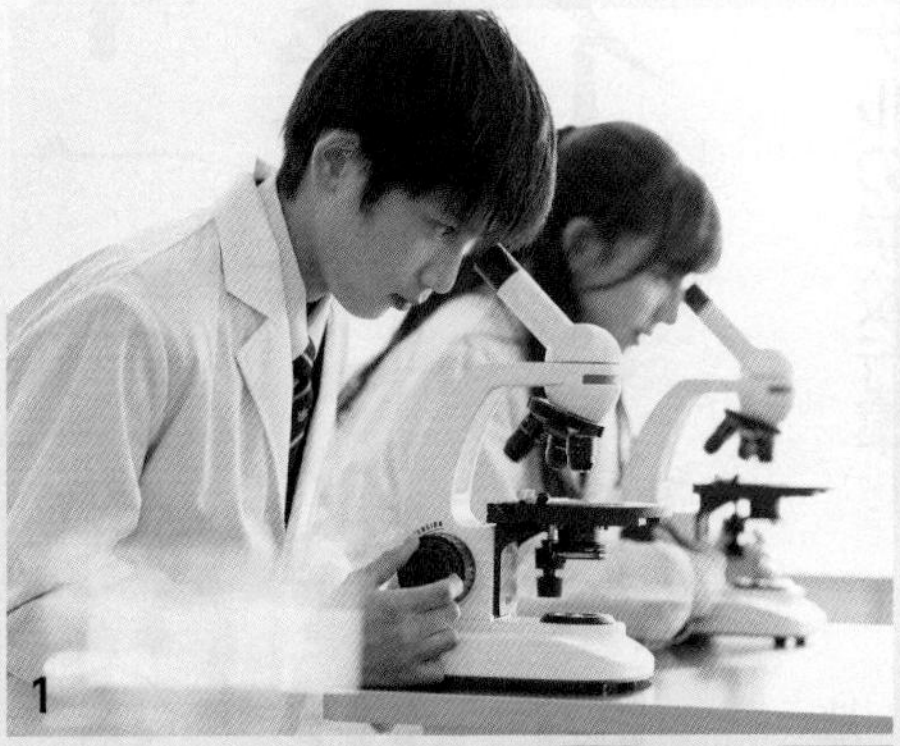

1.理科の実験器具をはじめICT機器など、充実した設備がそろっています　2.互いの個性を受け入れる和気あいあいとした雰囲気です

School Information

所在地：東京都世田谷区大蔵2-8-1
アクセス：小田急線「祖師ヶ谷大蔵駅」徒歩20分、東急田園都市線・大井町線「二子玉川駅」スクールバス、小田急線「成城学園前駅」ほかバス
T E L：03-3416-1150
U R L：https://salesian-setagaya.ed.jp/

受験生対象イベント

サレジアンフェスタ(学園祭)　要予約
9月16日(土)　9月17日(日)

学校説明会　要予約
10月28日(土)　10:00～12:00

入試説明会　要予約
11月18日(土)　12月23日(土)
両日とも10:00～12:00

※日程は変更する場合があります。詳細はHPでご確認ください。

※PBL=Problem Based Learning、問題解決型の学習法

6年一貫の（仮称）開智所沢中等教育学校【第2回】

未来で必要な探究力を身につけるフィールドワーク

開智オリジナルの学校行事 ～フィールドワーク～

フィールドワーク（FW）は、探究型の学びを行う宿泊学習です。現地で疑問や課題を解決するために、仮説を立て、調査や観察、実験さらに文献をもとに仮説の証明や、説明を行います。

たとえば、1年生で実施する「磯のFW」では、まず磯に出て生物の採取や観察などを行い、そこで生まれた疑問や発見を基に各班でテーマを決めます。その後、班員で協力しながら調査を進め、結果や考察をまとめます。そして最後はそれを班ごとに発表し学んだことを共有します。

5年生（高2）の「海外のFW」では、FWの集大成としてイギリスに行きます。はじめに、4年生までに積み上げてきた「探究テーマ」を英語に書き換えることから始めます。現地の大学等に宿泊し、そこに通う大学生に英語でプレゼンテーションした後、そのテーマに関するディスカッションを英語で行います。併せて、現地の大学生に案内役になってもらい、現地のフィールドワークを行い、それまでに身につけたものをブラッシュアップします。

FWは現地に行く前に念入りに探究型の事前学習を行い、学校に帰ってきてからは詳細な振り返りも行います。5年間毎年、探究体験を積み重ねることで、探究の神髄を身につけることができるだけでなく、日々の授業での探究学習でもその学び方や思考の仕方を駆使できる力を養います。

FWのもう一つの魅力は、運営の多くの部分を生徒が主体的に決めていくことです。まずは実行委員会を立ち上げるところから始め、そのメンバーを中心に企画や準備をします。FWを通して何を学ぶのか、そのためにはどのような計画を立てればよいのか、FWを安心して安全に行うためにはどのようなルールがあるとよいのか、どうすればスムーズに行事が進行するのかなどを考えFWに臨みます。そして実際に運営をしてみて、振り返りを行い課題となるところを洗い出し改善していきます。

■フィールドワーク（予定）

1年（中1）	磯のFW	自然科学系の探究
2年（中2）	文化のFW	人文社会科学系の探究
3年（中3）	関西のFW	個人の探究テーマ
4年（高1）	首都圏のFW	プロジェクト型の個人テーマ探究
5年（高2）	海外のFW	海外の学生にプレゼン・ディスカッション

豊かな人間関係を構築する協働型の学び

開智所沢では「うまくいかないことも勉強」と捉えています。FWだけでなくその他の行事や授業でも、生徒にチャレンジを促し、失敗を恐れない精神を育みます。

たとえ困難に直面したとしても、何人かで知恵を出し合ったり励まし合ったりすることでよりよい成果が得られる、ということは決して珍しいことではありま

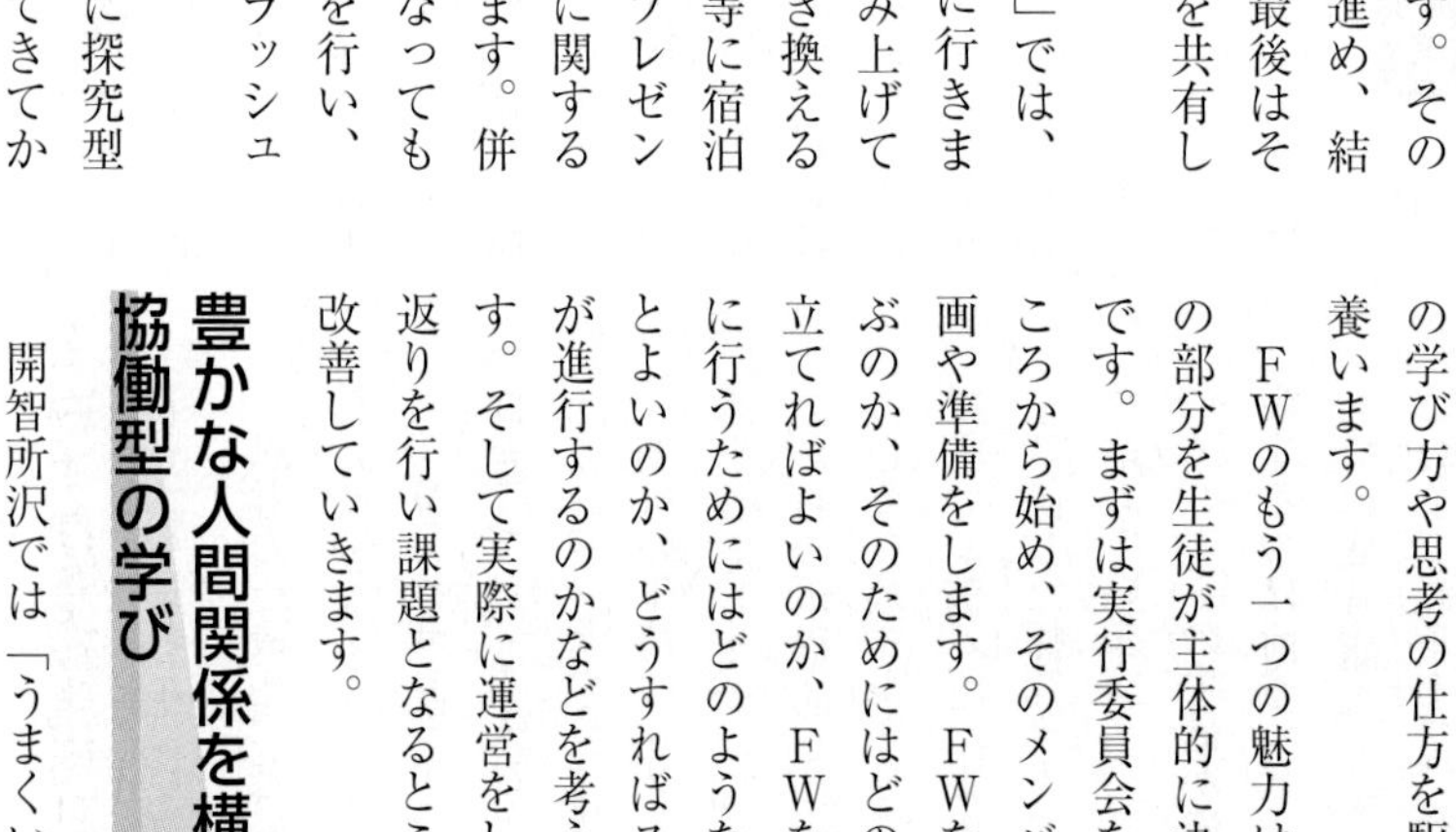

グラウンド予想図

せん。

学問分野の多様化が進み、世界の距離が急激に縮んでいる現代では、他者と上手にコミュニケーションをとり、お互いに得意とすること（情報）を持ち寄って、新たなアイデアを創造することが求められます。このような作業は、現在急速に発達しているＡＩ（人工知能）やロボットが苦手とするものです。

そんな中、開智所沢の授業や行事は「皆」ということを重視します。皆で考え、取り組み、悩み、解決していく。こうした取り組みを通して、生徒はコミュニケーション力を養い、多様性を学び、また自身の価値観や考え方を広げていきます。

各キャンパスとのつながり

開智学園にはすでにいくつもの系列校があり、これまで素晴らしい教育を実施し、歴史や伝統を築き上げてきました。そんな各キャンパスの特色を開智所沢にも積極的に取り入れるために、開校後は他のキャンパスに在籍する生徒との交流の場を多く設定していきたいと考えています。

新しく入学する1期生にとっては、見本となる先輩が身近には存在しないように思えるかもしれません。しかし実際には、少し外に目を向けると、同じような教育を受け、同じような志をもつ頼もしい仲間が数多くいることに気が付きます。彼らとの交流によって、より一層豊かな心を育んでいきます。

理科室予想図

教員の魅力

これまで学校説明会の折に「新設校だから校舎も綺麗で設備も整っているはず。そこは大きな魅力です」という言葉をかけてもらうことが度々あり、開智所沢準備室ではその期待に応えられるよう、環境整備を進めているところです。

それに加えて力を入れているのが、新しい校舎で子どもたちと実際に向き合い授業をする教員の編成です。

たとえば、開智所沢準備室の教員には「必ずこれまでに教員を経験している」という共通点があります。その中には開智学園の伝統をよく知る教員、他の私立学校や公立学校に勤務をしていた教員、さらには社会人向けの英語教育の経験がある教員などもいます。そんな教員たちにもうひとつ共通していること、それはどの教員も情熱的で新しいことに対するチャレンジ精神が旺盛だという点です。1期生のみんなと0（ゼロ）から一緒に新しい学校を創り上げていくことを、全員が楽しみに待っています。

■2024年度入試日程および会場（案）

募集定員240名（共学）　【帰国生入試】11月23日（木・祝）

第１回入試	特待Ａ入試	特待Ｂ入試
1/10（水）AM	1/11（木）AM	1/12（金）AM
ところざわサクラタウン さいたまスーパーアリーナ マークグランドホテル 開智中学校	ところざわサクラタウン さいたまスーパーアリーナ 川口市民ホールフレンディア 開智中学校	ところざわサクラタウン 大宮ソニックシティ 川口総合文化センターリリア 開智中学校
算数特待入試	第２回入試	日本橋併願入試
1/12（金）PM	1/15（月）AM	2/4（日）AM
ところざわサクラタウン 大宮ソニックシティ 開智中学校	ところざわサクラタウン 川口市民ホールフレンディア 開智中学校 開智望中等教育学校	秋草学園福祉教育専門学校 大宮ソニックシティ 開智日本橋学園中学・高等学校 開智望中等教育学校

学校説明会のご案内（要予約）

●9月17日（日）
場所：所沢ＹＴＪホール

●10月15日（日）
場所：ところざわサクラタウン

●11月12日（日）
場所：ところざわサクラタウン

※詳細はHPをご参照ください

（仮称）開智所沢中等教育学校（共学校）
〒359-0027
埼玉県所沢市大字松郷169
TEL:03－6661－1551（～令和6年3月／準備室）
HP：https://tokorozawa.kaichigakuen.ed.jp/
Mail：tokorozawa@kaichigakuen.ed.jp
アクセス：JR武蔵野線「東所沢駅」徒歩12分

【タイアップ記事】

「自律と共生」を教育理念に枠にとらわれない学びを実現

広《ひろ》尾《お》学《がく》園《えん》小《こ》石《いし》川《かわ》中学校

共学校

松尾《まつお》 廣茂《ひろしげ》 校長先生

英語にあふれた環境に加え、多彩な夏期講習や地域と連携した取り組みなど、魅力的な教育を実践する広尾学園小石川中学校。新たな歴史を刻み始めた同校に注目です。

多くの刺激を感じながら充実した学校生活を送る

2021年度に開校した広尾学園小石川中学校（以下、広尾学園小石川）。多様な経験を通して自分の強みに磨きをかける「本科コース」と、世界的視野を身につけられる「インターナショナルコース」、どちらの生徒も日々様々な刺激を受けながら充実した学校生活を送っています。

同校には「海外で過ごした経験を持つ個性豊かな仲間とともに中高時代を過ごしたい」「先生方の熱意に惹かれた」といった思いから入学した生徒が多くいます。

実際にインターナショナルコースを中心に、多彩な経験を持つ生徒が集まっています。また19人の専門性の高い外国人教員もいることから、学校内には日常的に英語が飛び交い、世界の多様な文化に触れる機会も豊富にあります。

松尾廣茂校長先生は、「インターナショナルコースの生徒はもちろん、本科コースの生徒もこうした環境に大きな刺激を受けているようです。同学年の交流に加えて、他学年と交流する機会もありますから、色々な人とかかわりながら成長することができます」と話されます。

他学年との交流が生まれ専門的な指導も受けられる

学年の枠を越えて実施されるものの1つに学校行事があげられます。加えて広尾学園小石川では、夏期講習でも学年を越えた交流が生まれています。

開校以来多くの講習が実施されています。中学生専用、高校生専用、そして前述の通り、検定講座など複数の学年の生徒が参加できるものもあります。

「高3を対象とした大学受験のための講習にも、中学生が参加できるようにしました。内容は難しいですが、高い意欲を持った中学生が参加していましたね。講習後には中高の垣根がなくなり学習内容について議論しあう場面もみられたのが嬉しかったです」と松尾校長先生。

そのほか、昨年度からは新たにキャリア教育にかかわるものもスタートしました。「東京藝術大学との提携によるアート体験講座」や「東京都立産業技術高等専門学校との提携によるロボットプログラミング講座」「模擬裁判講座」などで、今年度も開講されるものがあります。

専門の先生方から直接指導を受けられる貴重な機会に、生徒は時間を忘れ目を輝かせているといいます。「普段の授業とは異なる場を用意することで、自身も知らなかった新たな能力を発見する生徒もいるでしょう」と松尾校長先生が話されるように、生徒が持つ様々な力を伸ばそうと、教科の枠を越えた学びの数々を用意しているのです。

なお生徒は夏期講習終了後に、講習を評価するアンケートを提出します。その意見をもとに、教員も翌年に向けレベルアップを図ります。

研鑽を積む教員とともに さらに充実した教育を

夏期講習の一例からもわかるように、広尾学園小石川の教員はつねに研鑽《けんさん》を積んでいます。その原動力となるのは「生徒の成長する姿を見たい」という思いです。松尾校長先生は「現状に満足せずつねに高みをめざし指導力を磨いていく。生徒を成長させられるのは、そうした教員ではないでしょうか」と語ります。

また、同校では1年を通して担任が保護者と密に連絡を取りあうといいます。保護者はいつでも学校の様子を聞き、ちょっとした相談もできます。細やかな配慮により、教員と保護者の間にも、しっかりとした信頼関係が築かれていきます。

また今後は、地域との連携も強めていきたいと話す松尾校長先生。現在も近隣にある東洋学の専門図書館・研究所「東洋文庫」と連携協定を結んだり、東京都立小石川中等教育学校と合同で部活動をしたりしていますが、今後はさらに地域との交流を深めていくといいます。

広尾学園小石川は、教科の枠や学校という枠にとらわれず、多彩な学びを実現しています。これからも新たな学びの機会を生み出していくことでしょう。

「本校が掲げる教育理念は『自律と共生』です。偶然に任せて日々を過ごすのではなく、なにごとにも主体的に取り組みましょう。みなさんの頑張りを見守り認めてくれる仲間がいる学校です。挑戦したいと思ったことにはどんどんチャレンジしてください。受験勉強も含め、努力した経験は決してムダにはなりません。広尾学園小石川でこれをしたいという強い思いがある方や将来に向けて高い目標を持った方、みなさんの夢をかなえるために教員は全力でサポートします」（松尾校長先生）

夏期講習の様子。東京都立産業技術高等専門学校でロボットのプログラミングを、東京藝術大学で鋳造を体験しました。

インターナショナルコースには、一定レベルの英語力を持つ生徒が所属するアドバンストグループ（AG）と入学後に英語力を伸ばしていく生徒が対象のスタンダードグループ（SG）があります。AG生とSG生は教えあい、助けあいながら学んでいます。

連携協定を結んでいる東洋学の専門図書館・研究所「東洋文庫」を利用することも可能です。

School Information

所在地：東京都文京区本駒込2-29-1
アクセス：都営三田線「千石駅」徒歩2分、地下鉄南北線「駒込駅」徒歩12分、JR山手線ほか「巣鴨駅」「駒込駅」徒歩13分
TEL：03-5940-4187　**URL**：https://hiroo-koishikawa.ed.jp/

●**学校説明会・授業体験会** 要予約 9月16日(土) 10月21日(土) 両日とも9：30～、14：00～
●**いちょう祭（学園祭）** 要予約 9月23日(土・祝) 9月24日(日)
●**AGガイダンス** 要予約 9月18日(月・祝) 10月14日(土) 10月28日(土) すべて10：00～
※AGガイダンスは広尾学園中学校にて開催

輝いてます！この１校

「自律した学習者」として
自ら発信し表現できる人になる

女《じょ》子《し》聖《せい》学《がく》院《いん》中学校

近年、ICT教育に注力し大学入試改革にも対応できる力を養成している女子聖学院中学校。
今回は学校独自で行われている多彩な取り組みと、充実したサポート環境についてご紹介します。

女子聖学院中学校（以下、女子聖学院）は、キリスト教教育を土台に、6年間かけて「Be a Messenger～語る言葉をもつ女性」の育成をめざしている学校です。

「自分に与えられたよきもの（賜《たま》物《もの》）を大切にしつつ、他者のためにも活かす」「社会の課題を理解し、それを自分の問題として探究していく」力を身につけるとともに、「自分の賜物を最大限に活かして大学へ力強く踏み出していくこと」も実現できるように、生徒を的確に導いていきます。

学び続ける力を養成する マイ・コンパスプロジェクト

中学の総合学習の時間は週2時間設定されています。その時間に行われる探究学習では、スクールモットーである「神を仰ぎ人に仕う」をベースに「仕える人になる」を6年間の大テーマに掲げ、自分軸を形成する「マイ・コンパスプロジェクト」を実施。このプログラムは、多様な活動を通して「学び方」を学び、多角的な視点から「学ぶ意味」を見出すことを目的としているものです。生徒は主体的にプログラムに取り組むなかで経験や失敗を重ね、物事に対する理解を深めることで「自律した学習者」として、生涯学び続けられる力を養います。

中1の初めには「学習方略の探究」を実施しています。普段の学習について、その効果を高めるための工夫や、自分にあった学び方についてクラスを越えて話しあい、考える取り組みです。自分にあった学び方について考えることは、自分を知ることにもつながっていくそうです。

毎朝の礼拝を通して、自分と自分の周りの人を大切にできる人へと成長していきます

情報端末の善き使い手を育む デジタル・シティズンシップ教育

「マイ・コンパスプロジェクト」は、2つの教育を土台として実施されています。1つは「デジタル・シティズンシップ教育」です。女子聖学院では２０２１年度から、探究学習や普段の授業で1人1台ｉＰａｄを持ち、学習のためのツールとして活用しています。そのため、ＩＣＴ機器を活用するにあたって、教員、生徒、保護者の3者がともにＩＣＴ機器について理解を深め、生徒が善き使い手になることを目標とした様々な取り組みを行っているのです。

例えば、生徒はｉＰａｄを使うときのルールを総合学習の時間に話しあって決めました。ルールには「授業に関係のないアプリを授業内に開かない」などがあります。生徒たちは話しあったルールをポスターにして、教室の目に留まりやすいところに貼っています。加えて、ポスターにクラス全員が署名することで「自分たちで決めたルールなので、責任を持って守らなければ！」という意識も高まったといいます。

上智大学の先生を招いて行う高大連携教育「JSG大学」

高大連携で行う リーダーシップ教育

ＩＣＴ機器を活用するマインドとスキルを学ぶとともに、探究活動に

≪「学習方略の探究」をはじめとした多彩な取り組み≫

中1では「学びとは」をテーマに、自分にあった「学び方」について考えます。入学後、4月から9月まで、日々の学びから自分なりの効果的な学習方法を探究し、10月には全員でポスターセッションを行います。

「学習方略」（中1）のポスターセッションの様子

試験対策を考える中1の「期末試験問題検討会」

舘野先生との教育連携のもと行われるワークショップ

欠かせないのは、生徒1人ひとりが自分らしくリーダーシップを発揮することです。女子聖学院では、立教大学経営学部准教授の舘野泰一先生に、同大学で実際に行われているリーダーシップ教育について指導を受けるワークショップを実施しています。チームでプロジェクトに取り組むことで、自己理解を深めていき、自分らしさを活かしたリーダーシップを開発していくことの意義を学んでいます。

生徒それぞれの強みを活かした進路獲得へ

校内に「家庭学習の学校内完結」と「自学自習習慣の確立」をめざす「JSGラーニングセンター」を設置したり、放課後の学習支援として「JSG講座」「学習室」を開設したりと、学習サポート環境が充実していることも同校の魅力の1つです。

教頭兼広報室長の塚原隆行先生によると、これらのサポートによって、希望進路をかなえる生徒が年々増えているのだといいます。

「今春は、大学に進学した卒業生の約65%が、学校推薦型選抜、総合型選抜で進路が決まりました。コロナ禍以前の2018年と比較をしても、毎年増加傾向にあります。本校の『語る言葉をもつ女性』を育てる教育が実を結んだ結果であると考えています。

今後、各大学で学校推薦型選抜や総合型選抜が拡大していくなかで、本校でも一般選抜に向けての基礎力や応用力を定着させていくのはもちろん、個々の強みを活かせるこれらの入試への対策を強化していきます。

例えば、高1～高3を対象とした夏季休暇中のJSG講座では、自己を内省してその強みを明確に言語化することを目的に、『レゴ®※シリアスプレイ®』のメソッドと教材を用いた、ユニークな講座が開設されています。自己の強みを発見、あるいは再認識し、周りと共有することで、お互いのよさを引き出しあいながら、みんなで伸びていこうとするところに本校としての特色があります。

さらに2020年度からは、『JSG大学』と銘打ち、生徒が志願する比率の高い大学から先生を招いて、授業を紹介してもらうプログラムを始めました。上智大学、立教大学、青山学院大学、東京女子大学などから先生を迎えます。中3～高3までの希望者を対象に、ディスカッションやワークショップ形式も取り入れながら興味関心を深める、毎年とても実りある時間となっています。こうした機会を通して生徒の視野が広がり、大学での学びにつながることを期待しています」（塚原先生）

ICT機器を活用した様々な学びと、1人ひとりに合ったサポート体制を用意することで、新しく始まる大学入試改革にも対応できる環境を整えている女子聖学院。「入って伸びる女子聖学院」として、今後もますますの期待が寄せられます。

※レゴ®ブロックを用いたワークショップ。言語化しにくいことを作品にして（可視化）、他者に伝え（共有）、質問を受けることで、真に伝えるべきことに自ら気づく（気づき）プロセスを学ぶ

【説明会日程】 すべて要予約

学校説明会

9月16日(土) 10:30～
11月18日(土) 10:00～（6年生限定）
14:00～（5年生以下対象）

入試問題早期対策会

10月 7 日(土) 10:00～
10月14日(土) 10:00～
10月21日(土) 10:00～

記念祭(文化祭)

11月2日(木)・3日(金祝)

入試体験会

12月2日(土) 8:45～

※その他の説明会、各詳細については学校HPをご確認ください。

女子聖学院中学校〈女子校〉

住　所：東京都北区中里3-12-2
電　話：03-3917-2277
アクセス：JR山手線「駒込駅」徒歩7分、地下鉄南北線「駒込駅」徒歩8分、JR京浜東北線「上中里駅」徒歩10分
U R L：https://www.joshiseigakuin.ed.jp

駒込中学校【共学校】

KOMAGOME HIGH SCHOOL

タイアップ記事

伝統と革新を調和させ「一隅を照らす」人材を育成

目的の異なる2つの「適性検査型入試」

ここ数年、受験者が増え続けている駒込中学校（以下、駒込）。その理由としてあげられるのが、目的の異なる2つの「適性検査型入試」です。どちらも2月1日午前に実施され、一方は東京都立小石川中等教育学校や東京都立白鷗高等学校附属中学校に準拠した問題で「適性Ⅰ・Ⅱ・Ⅲ」の3科、もう一方は千代田区立九段中等教育学校に準拠した問題で「適性1・2・3」の3科です。いずれも成績上位者には6種類の特待生制度が用意されています。

受験生のニーズに合わせた「特色入試」「特待入試」を実施

2日午前には、基本となる2科（国・算）、4科（国・算・社・理）入試のほか「特色入試」として、さらに3つの入試を設置しています。

「プログラミング入試」では、算数の四則計算に加えて、Scratchを用いたプログラミングの能力を測ります。「自己表現入試」はPCや図書室の蔵書を自由に使って、テーマに沿ったプレゼンテーション資料を作成する入試です。「英語入試」は、英語・国語・算数の3科を実施します。英検準2級以上の取得者は英語の得点が100点換算となり、英語の試験が免除となるのが特徴です。なお国語と算数の問題は、同時刻に実施される2科、4科の問題と同じものです。

さらに2日午後には、合格すれば3カ年または1カ年授業料が無償となる「算数一科」「国語一科」特待入試も実施しています。このように様々な入試を取り入れている背景には、時代が多様性を求めて変化していくなかで、自分の得意なことを選んで挑戦できる人間になってほしい、という駒込の想いが込められています。

新しい時代のなかでも自己肯定感を持つ生徒を育成

AI（人工知能）の発達やグローバル化社会の到来で大きく変わりゆく現代。駒込では、そんな時代を生き抜いていくための知性とスキルを培っています。しかし、それ以上に重視しているのが、生徒それぞれに「どう生きるのか」という哲学を持つきっかけを与えることです。この思想を持ってこそ、世の中に貢献できる人間になることができると、駒込では考えています。

なかでも特徴的なのが、仏教・天台宗の理念をいしずえとした情操教育です。伝統行事である比叡山研修（高一）の一環として行われる30㎞回峰行や、日光山研修（中2）、寛永寺研修（高2）では自らの心と向きあい、人との関係を改めて感じることで、AI時代にも折れることのない自我を形成します。

学校生活のなかで多様性を大切にしながら、自己肯定感と自信を育み、仲間とともに乗り越えられる力を身につけていくことができる学校です。

●学校説明会 要予約

10月14日㈯	14:00～15:30
11月18日㈯	14:00～15:30
12月10日㈰	①10:00～11:30
	②14:00～15:30
1月14日㈰	10:00～11:30

※10月14日㈯、1月14日㈰はZoomによる配信も実施

●夜の説明会 要予約

9月29日㈮	18:00～19:00
11月 8日㈬	18:00～19:00

●玉蘭祭（文化祭）

9月16日㈯　9月17日㈰

中1で行われる林間学校の様子。生徒たちは自然豊かな場所で初めての宿泊行事を迎えて、心身ともにたくましくなって帰ってくるといいます。

SCHOOL DATA

ADDRESS
〒113-0022
東京都文京区千駄木5-6-25

ACCESS
地下鉄南北線「本駒込駅」徒歩5分、地下鉄千代田線「千駄木駅」・都営三田線「白山駅」徒歩7分

TEL 03-3828-4141

URL https://www.komagome.ed.jp/

田園調布学園 中等部・高等部

豊かな人生を歩める人になるために

建学の精神「捨我精進」のもと、探究、教科横断型授業、土曜プログラム、行事、クラブ活動など体験を重視した教育活動を展開しています。生徒が学内での活動にとどまらず、外の世界へも積極的に踏み出していくよう後押しします。

土曜プログラム見学会	9月2日（土）
学校説明会	10月28日（土）11月15日（水）
入試直前学校説明会【6年生対象】	12月9日（土）12月13日（水）
帰国生対象学校説明会	10月28日（土）
なでしこ祭	9月23日（土祝）／24日（日）

2024年度入試日程

	第1回	午後入試	第2回	第3回	帰国生
試験日	2月1日(木) 午前	2月1日(木) 午後	2月2日(金) 午前	2月4日(日) 午前	12月3日(日)
募集定員	80名	20名	70名	30名	若干名
試験科目	4科 (国・算・社・理)	算数	4科 (国・算・社・理)	4科 (国・算・社・理)	A 国・算 B 英・算 C 算数 A・B・Cより選択 面接

※ご参加には本校ホームページのイベント予約サイトより事前予約をお願いいたします。
※各種イベントは、今後変更の可能性があります。必ず本校ホームページでご確認ください。

〒158-8512 東京都世田谷区東玉川 2-21-8
TEL.03-3727-6121 FAX.03-3727-2984

https://www.chofu.ed.jp/

https://www.chofu.ed.jp/

新しい取り組みは学園ブログやInstagramにて更新していきます。ぜひご覧ください。

入り口偏差値と出口の大学進学実績を比べ併願して「お得な学校」を探してみる

6年前の結果偏差値といまの進学実績を比べる

入り口、すなわち受験校の偏差値は入試の難しさの指標とされています。一方で出口、すなわち大学合格実績の指標があれば、入り口の割に出口がいい（あるいはそうでもない）学校等がわかり学校の教育力を推し量る1つの物差しとして参考になると思います。

ここでは、入り口の偏差値は6年前の入試の結果偏差値（四谷大塚）を利用し、出口の方は大まかに3つのグループ（東京大学・京都大学など難関国立大学、早慶上智など、G−MARCHなど）に分けて、そのグループに合格している合格者数を卒業生比率にして何%合格しているか、入り口偏差値5ポイント刻みで同じランクに入る学校について、その合格率をどのくらい上回っているか、あるいはおよばないかに注目します。

なお、この記事中では大学附属校は、系列大学進学者を除いた母数に対するのべ合格者の割合で示しています。

ひと目でわかるようにするために、その学校が達成している合格率がはたして入り口偏差値でいうとどのような学校に匹敵しているかを確認します。まず、その学校の出口偏差値を仮に記します。そうすることでこの出口偏差値は入り口偏差値から何ポイントのプラスになるかマイナスになるかでお得度を計る仕組みです。

出口がよい学校を探す最大の理由は、併願先を見つけたいからです。つまり、めざす学校の合否はわからないので、偏差値にして5ポイント程度易しい学校を併願校として選びます。出口の結果が第1志望校と同じぐらいかどうかをみて、もしそんなに違わなければ入りやすくてお得な学校だとなります。

今回は4ポイント上の偏差値校と同じ出口実績をあげる学校をリサーチしました。もし仮に受験生であるA君の合不合判定テストの偏差値が55とすると、併願する安全校は偏差値50あたりの学校にするでしょう。その50の偏差値の学校が55の学校と出口でひけをとらなければ、その学校は併願先としてきわめて有望となります。

その意味では5ポイントでもいいのですが、4ポイントのところにそれなりの学校数があるため、今回は4ポイント以上のパフォーマンスをあげている学校を選びました。

東大・京大・一橋大・東工大へお得な学校はどこ？

この大学進学先でみると、もちろん

森上展安の中学受験WATCHING

もりがみ・のぶやす　森上教育研究所所長。
受験をキーワードに幅広く教育問題を扱う。
保護者と受験のかかわりをサポートすべく「親のスキル研究会」主宰。
（文責／森上展安＆編集部）

主たる実績校の偏差値ゾーンは偏差値65以上と、あるいは60～64のゾーンです。したがってお得なゾーンは偏差値55～59や、偏差値50～54で選びます。

お得な学校ゾーンの偏差値55～59の学校群では男子校2校、攻玉社と桐朋、共学校はもっぱら女子を基準に広尾学園、神奈川大附属、昭和学院秀英、女子校の頌栄女子学院、お茶の水女子大附属が入ります。共学校のなかでは広尾学園だけが6ポイントお得で、ほかは4ポイント台です。広尾学園、神奈川大附属の午後入試、2月5日の頌栄女子学院なども併願の選択肢として有力です。

次いで偏差値50～54ゾーンでは共学進学校のお得校が数校。中大横浜は男子8弱ポイント、女子12強ポイント、桐蔭学園は男子6弱ポイント、女子10弱ポイントで、2段階上の偏差値60～64のゾーンの学校と併願してもいい実績です。ほかは女子5ポイントプラスで国学院久我山、成蹊、帝京大中、開智などが、女子にとってお得校です。男子は高輪が5弱ポイントのお得校です。

早慶上智大を目標にして お得感があるのは

合格のパフォーマンスから考えてみます。ここでもお得校のゾーンは偏差値50～54のところで、プラス4～5ポイント、つまり偏差値55～59の学校と同じ程度の出口実績に共学校4校と男女校各2校が該当します。共学校は桐蔭学園、帝京大中、国学院久我山、法政二、中大横浜。男子校が高輪、世田谷学園、女子校は品川女子学院とカリタス女子、日本女子大附属です。

もっとお得な学校は偏差値45～50のゾーンの学校です。女子校3校はなかでもお得度が高く、普連土学園、光塩女子学院、東京女学館は6～7ポイントプラス、そして5ポイント前後プラスの学校として共学校の桐光学園、青稜、成城学園、創価が入ります。とくに光塩女子学院と普連土学園は早慶上智合格40～50％のパフォーマンスですから、かなりお得です。文字通りワンランク上の実績を出しています。

G－MARCHに 向けてお得な学校は？

G－MARCH狙いでお得感がある偏差値帯は40～44前後までのゾーンです。このゾーンは共学校がしっかりした実績で、千葉日大一が男女で9強～11弱ポイント。女子でみると東京都市大等々力、大宮開成、三田国際と東洋大京北が大幅な実績を出しています。その次は宝仙学園理数インターが男女で6弱～7ポイントをつけての存在感を示しています。5ポイント前後では男女ともかえつ有明、女子では昭和女子大昭和がお得校です。

さらに偏差値40未満の学校でのG－MARCH実績は、あげておくべきでしょう。男女ともに共学校が4校入っています。日出学園、多摩大聖ヶ丘、横浜富士見丘学園、日大三です。

このゾーンのお得校は前掲のワンランク上の学校との違いとして男女別学が多くなります。女子校は桐朋女子と跡見学園2校で6ポイントほどプラスです。男子校は5校あり佼成学園、日大豊山、聖学院、城西川越、足立学園です。なかでも佼成学園と日大豊山は2ランク上、つまり10ポイント以上プラスで、聖学院、城西川越が7強ポイントとなかなかの高実績です。

以上のように、以前に比べて共学校の存在感が、各ランクの対象実績校として、かなり増えているのが現状で、そのなかに男女別学校が少しずつ点在しているという印象です。

それは男女別学がお得感がないことの裏返しで、また別学校が人気、実力が相応の評価を受けているということの裏返しでもあり、逆に共学校は新しいブランドのためにまだお得感がある、ということでもあります。

ただ、注目したいのは倍率です。これまで述べたのは難易度に比べてのお得感で、ワンランクか2ランク下にあって受けやすく、出口がよい学校でした。そしてそこには共学校が多くありました。ところが共学校ですから、宝仙学園理数インターを除いてこれらの学校はそれなりに倍率が高いところがほとんどです。その点のリスクがあるということにぜひ注意してください。

学校選びはわずかなミスが合否に直結しますから、よくよく注意が必要です。とりわけ3倍以上になる学校は、安全校としての併願という趣旨からいえば好ましくありません。

そしてここではいくつかの大学をグループ分けしましたが、近年多くなりつつあるのが指定校推薦枠がある附属校のような進学校の存在です。代表的な学校として、三輪田学園の法政大学協定校推薦枠（最大30人）があります。こうした学校は一般入試中心の実績データを使った今回のような比較では浮上しにくいので、強みのある進学先があるかどうか、学校説明会等で学校ごとに確認してください。あれば一考の余地があるでしょう。それはやはり受験生本人の個性を活かせる進学先である必要はありますが、頭の隅においておくといい選択ができると思います。

開智の教育　将来の夢を実現させる学びを作る
～可能性に挑戦する6年間～

開智中学・高等学校（以下、開智中）は、専門分野で活躍し社会貢献できるグローバルリーダーを育成するために、より深い専門的な学びができる大学への進学をめざしています。生徒自身の「未来の夢」をかなえるために、志望大学への合格をより確かにする、4つの先端コース制を導入しています。

開智中は、20数年間培ってきた、疑問を発見し、仮説を立て、実験・観察・調査を通して検証し、発信する「探究テーマ」「フィールドワーク」に加え、授業でも「自分で考え、学び、発信する」探究型の学びの実践をベースにますますパワーアップしていきます。

自分で選ぶコース制

入学前の登校日に、4つのコースから一番適していると思うコースを生徒自身で選びます。「探究型の授業」「知識を獲得する授業」「英単語や漢字・計算力をつける繰り返しの学び」など、中1・中2の2年間は、どのコースも授業内容や時間数は同じです。学級活動や道徳・哲学対話の論題、行事などでの取組みが異なります。

中3・高1は、中2の3学期に新たにコース選びを行い、学力別のクラス編成をします。どのクラスも授業の内容は同じですが、より深い内容まで学ぶクラス、幅広く学ぶクラス、丁寧に学ぶクラスなど1人ひとりに適した授業が受けられるように編成します。

〈自分で選ぶ　4つのコース〉

【先端ITコース】
東大、京大、東工大、一橋大、早稲田、慶應など、すでに目標の大学が決まっている人向け。めざす大学に向けた基本的な学力を育成。志望大学の先を考えて学ぶコース。

【先端GBコース】
グローバルな仕事、未来の仕事、AIやロボット、新しい社会で挑戦する人向け。「英語の取り出し授業」や英語でのホームルームも実施。

【先端MDコース】
医師、歯科医師、薬剤師、獣医師などをめざす人向け。同じ目標を持った仲間と、医学の基礎になる教科学習をはじめ、「命とは」「人の尊厳とは」など幅広く学ぶコース。

【先端FDコース】
「将来何をしたいか」「どんな大学へ行きたいか」を探し、これから見つける人向け。探究、フィールドワークなどで自分の好きなこと、得意なことを見つけ、未来の目標を決めるコース。

「創発クラス」誕生！

将来の夢や目標をもとに、自分で進路を選ぶ「4コース制」に加えて、2024年度より、新たに「創発クラス」がスタートします。

開智中では、「創造型・発信型の国際的リーダーの育成」を建学の精神として、開校以来、様々な取り組みを行ってきました。今回、新コースを立ち上げるにあたり、原点に立ち返る意味で、「創造・発信」から二文字を取って「創発」としました。1人ひとりの力の総和を超えるイノベーションを生み出す「創発現象」を起こしたいという意味も含めています。

特待入試を突破した受験生の「思考

■2023年度　学校説明会（要WEB予約）

	日程
第3回説明会	9月30日（土）
第4回説明会	10月28日（土）
入試問題説明会（動画配信のみ）	11月25日（土）～12月3日（日）
第5回説明会	12月2日（土）

※2023年度の説明会はすべて変更になる場合があります。詳しくは学校ホームページをご覧ください。

英語による探究発表（英国FW代替行事）

新入生オリエンテーション（中学2年生）

部活動も生徒主体（華道部による体験講座）

数学授業風景（中学生）

力」「表現力」をさらに伸ばし、そして開智の伝統である、「学び合い」をさらに発展させたハイレベルな授業を行い、ともに伸びるクラスを作ります。

「4コース制」では専門知を、「創発クラス」では総合知を、それぞれ追求していきます。「4コース制」も「創発クラス」も、自分の人生は自分で切り拓くという精神で、将来の社会貢献のために、必要な力を身につけていきます。

高2・高3は自分で選択する志望大学別コース設定

高1までの基礎学習で得た知識と、フィールドワークや学校生活のなかで育んだ興味、関心に基づいて、将来の自己実現のための進路に適したコースを選択します。

高2からは、自分のめざす大学群の文系・理系・医系・ディプロマ系を決めます。国立文系・理系コース、国公立私医系コース、私大文系・理系コース、グローバル系を設定し、各コースとも志望者の人数に応じて、学力別のクラス編成を行い、自分の学力に適した授業を受け、最後まで志望校合格をめざします。

卒業生いち押しの特別講座

「塾に通わずに第一志望に合格できた」と卒業生は口々に言います。それは、特別講座や直前講座など目的別の対策講座があり、いつでも先生方に質問できる環境がそろっているからです。

高2の10月から開講する「特別講座」は、授業と連動した放課後の講座です。志望大学、科目ごとに設定され、生徒自身が選択し、大学入試の過去問題演習を徹底的に繰り返します。「担当教員が丁寧に指導する講座」、「課題を生徒自らが発見し仲間とともに解決していく探究型講座」があり、高3からは放課後に3時間程度、月曜日から土曜日までの毎日開講します。ほぼ全ての高2・高3が何らかの講座を受講し、大きく学力をアップさせ志望大学への現役合格を勝ち取っています。

開智中学・高等学校

中高一貫部（共学）

〒339-0004 さいたま市岩槻区徳力186
TEL 048−795−0777
https://ikkanbu.kaichigakuen.ed.jp/
東武アーバンパークライン東岩槻駅（大宮より15分）徒歩15分

開智望《のぞみ》中等教育学校の魅力【第3回】

生徒一人一人が主役！
主体的に学び「夢」を描く6年間

開智望中等教育学校では、開智学園がこれまで取り組んできた「探究型の学び」に加え、「国際バカロレア教育」のカリキュラムを掛け合わせ、生徒が主体的に学び、活動する環境が整っています。これは学校行事でも同様です。日々の学校生活の流れを積み重ねながら、生徒が自分たちで学校生活を作り上げています。

「探究型学習」で本質的な学びを

開智望の「探究型学習」では、生徒自らが考え、友達とディスカッションをし、「なぜ」を追求することで、様々な問題を解決していきます。

日々の学習では、問題の解決のために既存の知識を関連づけられるよう、つねに問いの形式で授業が展開されます。自ら気になることを調査し、未知の問いに対する問題解決の方法について議論し、自分たちで手や体を動かしながら理解していきます。例えば理科では、実物を観察することや実験を通して学ぶことに主眼をおき、自分で仮説や検証する方法を考え、実践します。その結果を考察することで、論理的に物事をとらえていく力や問題に適切にアプローチする力を養います。生徒からは「先行知識があっても悩むような問いが授業中にいくつもあり、考えることが楽しい」というような声が聞こえています。

探究発表の様子

興味関心を追求して得意を伸ばす「個人探究」

開智望では日々の探究型学習に加え、自分自身の興味関心に対して学びを深める「個人探究」に取り組んでおり、生徒たちは興味関心があるテーマをそれぞれ選び、教員からの事前指導やアドバイスを受けながら活動します。高1では中学3年間の探究活動での経験を活かし、制作物や学校外での活動記録を必要とするより深い探究活動を行います。この「個人探究」について、高1のNさんは次のように話しています。

「私は小学5年生の時にダンスに出会って以来、望の個人探究ではダンスをテーマに探究を続けてきました。中1のときにはJYDFというダンス大会の優勝チームを分析し勝因を発見したり、中2の探究では、曲に注目し、ジャンルごとに使用される『ダンスを効果的にする曲』の特徴を調査して自分なりの発見をすることができました。

そして現在は高1になり、大きな個人探究の集大成に向けて日々取り組んでいます。今回は『ジャズダンスの魅力をより広めるにはどうしたらいいのか』をテーマに東京の有名な先生のレッスンを受け、その振りつけを分析すると同時に、インスタグラムを開設し自分の探究成果や踊りを発信しつつ、それに対する人々の反応から、『どんなコンテンツや踊りなら気軽にジャズダンスに興味を持ってくれるのか』について深掘りしています。

個人探究について説明するNさん

さらに今年の4月には、今期の文部科学省『トビタテ！留学JAPAN』という留学×探究型奨学金制度に採用されました。なぜ採用にいたったのか自分でリフレクションしてみると、いままで培ってきた探究をプレゼンする力・望で学んだ『探求』ではなく探し『究める』＝『探究』の重要性をアピールしたこと・自分がしてきた探究成果を伝えることができたことが良い結果に繋がったのではないかと思います。

そして実際に9月にダンス留学でアメリカへ行きます。探究を国内で完結させるだけでなく、今回の機会を活かしてアメリカでもとくに日本スタイルのジャズダンスが広められるように探究し続けます」

高1のパフォーマンス

会場と一体となった中2のパフォーマンス

仲間と共に創る学校行事

学習活動だけでなく、日々の学校生活でも生徒が主体的に活動していくのが開智望の特徴です。委員会活動では、学校生活をより良くするための活動を自分たちで考え、行動に移し、その結果を振り返りながら実践を進めていきます。それぞれの委員会が課題意識を持って活動することは、その先の「他者への貢献活動」や「奉仕活動」などといった社会とのつながりを意識することに結びついていきます。

これは学校行事でも同様です。開智望では合唱発表会や体育祭など様々な行事を自分たちで創り上げます。今年度も6月に「Nozomi Music Festival」（合唱祭）を実施しました。実行委員がスローガンを決め、各クラスでそのスローガンとクラス目標を掛け合わせて選曲を行います。また、衣装やダンス、様々な楽器を用いるなどして、自分たちの想いを形にする方法を考えました。うまくいかないことや難しいこともありますが、その度に友達と協力して乗り越えます。その先に、自分たちで創り上げるからこそ味わえる達成感が生まれるのです。

2024年度入試の特色

様々な視点から入学をめざしてもらえるように、開智望は多様なスタイルで入試を行います。

【専願型入試（2科）】12月9日（土）

開智望を第1志望とする受験生を対象とした入試です。基礎学力を重視した試験で、在校生と共に学びを深めていくのに十分な学力があるかどうかを判定します。

【一般入試（2・4科）】1月17日（水）

中学受験に向けて学習する算数・国語・理科・社会の学力を問う入試です。入試問題については、同校や開智グループ校の過去問をご参照ください。

【適性検査型入試】12月16日（土）

作文や長文読解など、思考力や表現力を問う、茨城県の公立中高一貫校の入試形式に沿った試験です。同県中高一貫校入試の過去問をご参照ください。

【開智併願入試（4科）】1月15日（月）

開智中学校との併願が可能な入試です。開智中と同様の出題内容で、開智中と開智望両校の合否判定がなされます。

【日本橋併願入試】2月4日（日）

開智日本橋学園中学校との併願が可能な入試です。開智日本橋中と同様の出題内容で、開智日本橋中と開智望両校の合否判定がなされます。

【帰国生入試】11月23日（木・祝）

帰国生やインターナショナルスクール生などを対象とした入試です。英語のエッセイと国語・算数の基本的な内容が出題されます。帰国生のみ開智日本橋中と開智望両校の合否判定がなされます。

学校説明会

9月9日（土）　10月7日（土）

入試問題ガイダンス

11月4日（土）
入試問題ガイダンス（専願）

11月12日（日）
入試問題ガイダンス（適性検査型）

12月24日（日）
適性検査型入試対策会

開智望中等教育学校
（共学校）

〒300-2435
茨城県つくばみらい市筒戸字諏訪3400番
TEL 0297−38−8220
https://nozomi.kaichigakuen.ed.jp/secondary/
関東鉄道常総線「新守谷駅」きずな橋より徒歩1分

教えて中学受験

6年生

第1志望校を決める場合、偏差値と校風、どちらを優先して考えるべきかを悩んでいる受験生と保護者の方へ

Advice

偏差値も入試における大事な指標の1つですが、それにあまりとらわれすぎず、広い視野を持って志望校を選びましょう。

第1志望校決定の最終段階になると、みなさんよく悩まれる問題ですね。偏差値と校風を両方満たす学校を選ぶことは実際にはなかなか困難かもしれません。

中学受験の最大のメリットは学校を選び取る自由があることです。ある程度の偏差値の幅を持って学校をとらえ、そのなかから入りたいと思える学校を選んでいきましょう。偏差値はあくまでも入試での合格のしやすさを推測するための道具としての数値にすぎず、学校の中身を示すものではありません。入りたい学校があるのなら、そこに合格できる学力を養っていくところに、中学受験をする意味があるのではないかと思います。

また、中学入試は午前入試、午後入試など複数の学校を受験することができますので、視野を広く持って志望校を決めてください。少しでも偏差値の高い学校に進学させたいと考えがちですが、偏差値にとらわれない視点から、お子さんに合った校風の学校を探せるかもしれません。

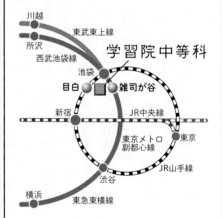

疑問がスッキリ！

5年生以下へ

中学受験を考えているが、進学塾に入る前に家庭でやっておくべきことはなにかと悩んでいる保護者の方へ

Advice

特別なことは必要ありません。すべての学びの基礎となる「読み・書き」「計算」と学習姿勢を再確認しておきましょう。

入塾準備として、ことさら特別なことは必要ないと思います。あえていえば、学習面の基本的な部分をしっかり身につけておくといいでしょう。基本的な部分とは、「読み・書き」や「計算」のことです。

まず国語では、小学校の該当学年で勉強している教科書をきちんと読めること、漢字を筆順も含めてきちんと書けるようにしておくことです。本を読む習慣を身につけておくこともおすすめします。算数では、教科書に載っている計算問題が確実にできるようにしておきましょう。

また、塾の授業を正しい姿勢で受けられるように、きちんとイスに座り、姿勢を崩さずに机に向かう習慣をつけておきましょう。さらに、正確に、きれいに、速く、文字や計算式を書くために、正しい鉛筆の持ち方をマスターしておくことも学習効果を上げる大きな要因になります。

このように、特別なことは必要ありませんが、塾で勉強するという心がまえを確認しておくことも大切です。

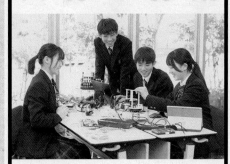

人を育てるのは、人。

想像以上の未来を創造しよう

～個別最適化学習導入など新たなステージへ～

《受験生のみなさんへ》

建学以来変わらない**自彊不息の精神**を受け継ぎ、物事に主体的に取り組み、**自分で考え、判断し、協働できる女性**を育てます。

高校からは、それぞれの学びのスタイルに合わせた3コース(リベラルアーツ・特選・自己発信)で一人ひとりの持つ力を最大限に伸ばします。

仲間とともに学び、互いに高め合い、十文字で「まだ見ぬ未来」と出会いませんか。

2023年度大学合格実績

国公立大	14名
早稲田大	7名
慶応義塾大	7名
上智大	4名
東京理科大	13名

明治大	13名
青山学院大	3名
立教大	20名
中央大	6名
法政大	12名
学習院大	5名

2024年度入試

中学校 説明会のご案内

WEB予約をお願いします。
(詳細はホームページをご確認ください。)

※日時の変更・中止の可能性もございますので事前に本校ホームページをご確認ください。

入試体験会

11月12日	日	10:00～
12月10日	日	10:00～

学校説明会

9月 2日	土	14:00～
9月29日	金	17:00～
10月14日	土	10:30～
10月28日	土	14:00～
11月12日	日	14:00～
11月22日	水	17:00～
12月 2日	土	14:00～
12月16日	土	10:30～(6年生対象)
12月16日	土	14:00～(5年生以下対象)
1月13日	土	10:30～(6年生対象)
1月20日	土	10:30～(5年生以下対象)

個別相談会

12月25日	月	10:00～

生徒案内見学会

9月30日	土	14:00～
11月 4日	土	14:00～

見学会・体験会(午前:授業 午後:部活動)

9月 9日	土	10:00～/14:00～
10月 7日	土	14:00～

学校法人 十文字学園
十文字中学・高等学校
〒170-0004 東京都豊島区北大塚1-10-33
TEL.03 (3918) 0511 FAX.03 (3576) 8428
TEL.03 (3918) 3977 (入試広報部 直通)
ホームページ https://js.jumonji-u.ac.jp/

＼入試によく出る時事ワード／

生成AI

AI（Artificial Intelligence）は、日本語では人工頭脳や人工知能などと名づけられています。

初期のAI研究は、ヒトの脳で無数につながりあっている神経回路（ニューロン）の構造を模して、コンピューターに情報処理をさせる仕組みでした。

2010年ごろからは、いくつものコンピューターをつなぎ、階層分けして、より高速に処理ができるディープラーニング（深層学習）が実現され、AIは競うように精度を高め、様々なものが自動化されていきました。

現在では、音声認識、画像認識、自動翻訳、情報検索、ロボット、自動運転、医療診断などに使われ、AIの活躍は多岐にわたります。多くの研究機関では、AIを使って、膨大な文献や、生体・遺伝子情報をビッグデータとして収集、解析し、病気の予防・診断・早期発見・治療、創薬などの研究も進めています。

いま注目を集めているのが生成AIです。生成AIは文章、画像、音声、音楽、動画、デザインなどを作り出すことができ、自動化が目的のいわゆるAIと違うのは、なにかを作り出すために学習することができる点です。なかでもチャットGPTに代表される「質問に文章で応える対話型の生成AI」が世界の耳目を集めています。

質問されると、Web上にある情報から条件に応じた内容を検索して表示するものは、これまでもあったのですが、対話型生成AIは、様々な情報を組みあわせて、新たに人間が書いたものとも見まがうような文章を生成することができ、質問によって、メールの文案、論文、ポエム、歌詞なども生成することができます。

対話型生成AIは、チャットGPTを追うようにしてグーグル社のバード（Bard）などが名乗りをあげ、世界中の20億近いWebサイトをリアルタイムに閲覧することで、質問に対する答えを一瞬で検索し、それを元にAIが整理して文章を作り、数秒で何例かを答えます。

生成AIは、このように便利な代物ですが、問題もあります。Web上の情報から、いわば際限なく取り上げるため、その情報が真実に基づいているかどうかは判断しきれないのです。例えばフェイクニュースを正しい情報だとして生成してしまう危険性もあります。

新たに創られた文章やデザインでも、元の情報源が定かではないため、知らぬ間に著作権や肖像権を侵害してしまうおそれもあります。

確かに文章作成やその他の作業を行うとき、生成AIの力を借りれば、時間の短縮という点で大きなメリットがあります。できあがった文章などの作品も高い評価を得るだけの文章力があります。しかし、子どもたちが安易に使うと「文章を読んでまとめる力がつかなくなってしまうのではないか」という懸念もあります。

文部科学省は、小中高校生が使用する際には、まずは生成AIが「どのような仕組みで動いているかを理解し、どのように学びに活かしていくかという視点と姿勢が重要である」とし、一方で「生成AIは発展途上の技術であり、利便性の反面、個人情報の流出、著作権侵害、偽情報の拡散といったリスクに加え、思考力や創造性、学習意欲への悪影響など」も指摘しています。

私たちは生成AIの強みとともに弱点も知り、生成AIと共生するべき人間の強みについても知ったうえで、生成AIを利用し、使いこなしていく必要があります。

（記事は2023年８月１日現在）

入試問題ならこう出題される

⇩

基本問題

①AIは私たちの身のまわりではどんなところに使われていますか。例を４つあげなさい。

②対話型の生成AIには色々な問題点が指摘されています。その問題点を４つあげなさい。

発展問題

③文科省は読書感想文の宿題に対して、対話型生成AIを使用して答えを求め、そのまま提出するのは不適切としています。このことに関してあなたの考えを150字以内で記しなさい。

④これからあなたは、AIや生成AIとどのような関係を築いていきますか。150字以内で記しなさい。

基本問題　解答

①自動運転、自動翻訳、ビッグデータの収集、自動化されたロボット、音声認識、画像認識　など。

②個人情報の流出、著作権の侵害、肖像権の侵害、偽情報の拡散、学習意欲の衰退　など。

発展問題　解答例

③読書感想文とは、自分が読んだあと、その文章に対する自分なりの感想を述べるものです。しかし、生成AIが作成するものは過去のだれかの感想を参考にしてまとめられたものです。ですから、これは読書感想文とはいえません。しかし、自分で読書感想文を書いたあと、その文章を直してもらうのはよいのではないでしょうか。(149字)

④AIや生成AIに頼りすぎると、物事の手順を覚えたり、自分自身で文章をまとめたりする力などを養うことはできないと思います。私たちはAIや生成AIの強みだけでなく、その弱点も知り、生成AIと共生するべき人間の強みについても知る必要があります。そのうえで、生成AIを利用し、使いこなしていく必要があります。(150字)

【保護者のみなさんへ】

対話型の生成AIは、文科省も指摘している通り、未だ発展途上の技術です。その文科省が７月初旬に発表した、小中高校の生成AIの利用に関するガイドラインにも、「暫定」の２文字が付されています。

米アップル社や、日本でも和製対話型生成AIの開発に着手したという報道もあります。ですから生成AIに関する情報はまだまだ流動的だといっていいでしょう。しかし、時事問題の１つとして、問われる可能性がある素材であることも確かです。今後のニュースに注意しながら、対話型生成AIの使用に対する心がまえなどはご家庭で話しあうようにしたいものです。

タイアップ記事

新たに学び、知見を広げ、将来を考える

これが国学院大学久我山中学校の「大学模擬授業」

男女それぞれの発達段階の違いを活かした男女別学校として知られる国学院大学久我山中学校は、様々な進路・進学指導を行っていますが、そのなかから、多種多様な分野の大学の先生を招いて実施される「大学模擬授業」について紹介します。

School Data 【男女別学校】

Address 東京都杉並区久我山1-9-1
TEL 03-3334-1151
Access 京王井の頭線「久我山駅」徒歩12分
URL https://www.kugayama-h.ed.jp/

※最新の学校説明会・イベントについては学校HPをご覧ください。右上のQRコードからのアクセスが便利です。

大学の先生から直接講義を受け興味関心の幅を広げる

生徒のみなさんにとって、自分の将来を考えることは、とても大切なことです。それがすぐに定まる人もいますが、多くの人にとっては簡単に決められることではありません。

各校は、生徒のみなさんが将来を見定め、そこに向かっていけるように、工夫を凝らして様々な進路・進学指導を実施しています。

国学院大学久我山中学校（以下、国学院久我山）には、その一環として、「大学模擬授業」があります。これまでは高2で行われてきましたが、今年からは高1での実施に変更となりました。

「これまで高2を対象にやってきましたが、それを高1に移したのは、進路選択の幅を広げてもらうためです。本校では、高1の秋に、文系・理系の選択があって、高2からその選択で分かれたクラス編成となります。そのあとに大学模擬授業を受けて『こういう分野があるんだ』と知っても、その時点では文理選択が終わっている、というミスマッチが起こることがありました。そうしたことを少しでも減らし、かつ、早い段階で進路選択の視野を広げられるように、高1で大学模擬授業を行うことにしました」と説明されるのは、進路指導部長の西山剛宏先生です。

国学院久我山の大学模擬授業は、複数の講座（今年は16）が用意され、そのなかから自分が興味を持った講座を1つ選び、実際の大学の先生方から講義を受けることができるというものです。

今回は、系列校である國學院大學から6名、それ以外の大学から10名の先生方を招き、心理学、情報工学、機械工学、体育・スポーツ、国際関係学、外国語学、法学、観光まちづくりなど、文理関係なく様々な講座が用意されていました。基本的な学部に加えて、情報工学などの、いま注目を集めている分野の講座もあるのが1つの特徴です。

「もちろん、これだけで進路を決めてということではなく、生徒の興味関心の幅を少しでも広げることにつながれば、という思いのもとに行っています。大学の先生方も高1でも対応・理解できる内容で授業をやっていただいているので、生徒からはおおむね好評です」（西山先生）

高1男子部学年主任の高良武士先生は「大学模擬授業を受けて、興味

Pick Up！ 国学院久我山の大学模擬授業はこんな雰囲気

分野「国際系」
テーマ「ロシア-ウクライナ戦争後の世界を占う」
上智大学・中内政貴　総合グローバル学部・総合グローバル学科　教授

分野「史学」
テーマ「戦前日本の選挙とジェンダー」
國學院大學・手塚雄太　文学部　准教授

分野「教育学」
テーマ「“スゴイ小学校の先生”になるための極意！」
國學院大學・寺本貴啓　人間開発学部　教授

分野「看護・医療」
テーマ「知ろう！学ぼう！子どもの健やかな成長を支える小児看護」
東京工科大学・白井裕子　医療保健学部看護学科　教授

分野「文学」
テーマ「『おくのほそ道』と発句の解釈」
國學院大學・中村正明　文学部　教授

分野「外国語学」
テーマ「新語・流行語を通してみる日韓社会」
杏林大学・鄭英淑　教授

を持った学部や大学が出てきたら、次はそこからオープンキャンパスなどに出かけて、具体的に進路を考えるきっかけにしてくれたら」と話されました。また、高1女子部学年主任の藤田久美子先生は「授業を担当していただいた講師の先生から『生徒たちの反応もよく時間が足りなかった』との感想をいただき、充実した中身の濃い内容だったようです。当日、時間の関係で質問できなかった生徒のなかには、後日メールでやりとりした生徒もいたようです」と、生徒や講師となった先生方の反応について説明してくれました。

今回紹介した大学模擬授業のほかにも、男女別学ならではのよさを活かしたプログラムをはじめ、国学院久我山では充実した進路・進学指導が行われています。

「国学院久我山というと、保護者のみなさんからは、厳しめのイメージを持たれていることも多いのですが、勉強や部活動にしっかり取り組むという昔からのよさはそのままに、例えば生徒会活動からスマートフォンの取り扱い方を変えたりと、生徒主体の取り組みも多くある学校です。ぜひ一度国学院久我山に足を運んでみてください」（西山先生）

1人ひとりのニーズに寄り添う

富《ふ》士《じ》見《み》丘《がおか》中学校【女子校】

School Information

所在地	東京都渋谷区笹塚3-19-9	TEL	03-3376-1481
アクセス	京王線「笹塚駅」徒歩5分	URL	https://www.fujimigaoka.ac.jp/

「国際性豊かな若き淑女」を育てる富士見丘中学校。その教育の大きな柱の1つである英語教育は、習熟度に応じて、生徒1人ひとりに目を配ってサポートする「徹底面倒見」で大きな成果をあげています。

手厚い指導で伸びる国内外の大学合格実績

2015〜2019年に文部科学省よりスーパーグローバルハイスクール（SGH）の指定を受け、2020年度からワールドワイドラーニング（WWL）コンソーシアム構築支援事業拠点校の指定を受ける富士見丘中学校（以下、富士見丘）。

SGH指定期間中に開発し、その後も継続する数々の取り組みや、WWL指定校として導入した新たなプログラムなどを通して、国際社会で活躍できる力を育んでいます。なかでも定評があるのが、4技能（聞く、話す、読む、書く）を丁寧に伸ばす英語教育です。

「この4技能を存分に伸ばすことが、本校の英語教育の目標です。そのためのキーワードが『徹底面倒見』で、1人ひとりに寄り添い、習熟度とニーズに応じた丁寧な指導を心がけています。

カリキュラムの部分では『新旧融合』を意識し、これまで培ってきた文法や読解の丁寧な指導のノウハウを活かしつつ、アクティブラーニング型の授業やPCを活用する指導を積極的に導入しています」と英語科主任の田中裕樹先生は説明されます。

きめ細かな指導が実を結び、近年は大学合格実績も堅調な伸びを示し、今春には海外の有名大学に合格・進学する生徒が11名（下表右）出ています。

こうした成果について佐藤一成副教頭先生は「本校では従来から、グローバルに活躍できる女性を育てるために、探究学習やICT教育とともに、英語教育や国際交流に力を入れてきました。

それがSGHやWWLの取り組みを通して学校全体にしっかりと浸透し、生徒も積極的に様々なことにチャレンジするようになりました。英語検定の上位級取得者や外部コンテスト入賞者も増加の一途をたどり、その実績を活用して多くの生徒が総合型選抜で大学合格を果たしています」と話されます。

海外大学の受験指導については「国内の推薦型、総合型選抜と変わらず、出願からエッセイ指導まで徹底的に寄り添いサポート」（田中先生）することが、富士見丘の大きな特徴です。

手厚い指導で伸ばす確かな英語力

では実際に、どのような英語の授

■2023年度 主要大学合格実績　(卒業生102名より抜粋)

国内大学	合格者数	海外大学
東京都立大学	2名	University of Michigan【第23位】
早稲田大学	6名	University of Washington【第25位】
上智大学	22名	University of California, San Diego【第32位】
国際基督教大学	2名	Georgia Institute of Technology【第38位】
東京理科大学	2名	Rice University【第147位】
学習院大学	4名	Texas A&M University【第181位】
明治大学	10名	Texas Wesleyan University
青山学院大学	11名	University of Texas at Arlington
立教大学	21名	University of Central Arkansas
中央大学	7名	University of Nebraska at Omaha
法政大学	10名	Pacific Rutheran University

※【　】内は英国Times Higher Educationによる「世界大学ランキング」順位

業が行われているのでしょうか。

　富士見丘では、どのコースに在籍していても、少なくとも週3時間はネイティブ教員による授業を受けられます。その上で中1の授業は週に計6時間。中2はさらにオンラインスピーキングが加わり7時間。中3はエクステンシブリーディング（多読）が加わり8時間になります。

　ネイティブ教員による授業は、習得した語句や文法を試す機会として活用されています。身につけたことが相手に伝わる手応えを実感することで、さらに学習へと励む動機が喚起されています。

　また、エクステンシブリーディングでは図書館にある洋書（3000冊）から好きな本を選んで取り組みますが、ここにも富士見丘ならではの特徴が見られます。3000冊すべてに対して内容確認のテストを用意しており、生徒は1冊を読み終えるとPCでテストを受けます。合格すると本のページ数がそのままポイントとなり、その累積が成績を決める材料になります。習熟度に応じて好きな本を自ら選ぶことができるので、英語の得意不得意ではなく、興味関心に基づく努力が成績に直結するといえ、読みたいという意欲を評価する独自のシステムは画期的です。

　さらに特徴的なのは、宿題でも4技能を意識していること。平日は授業の予習・復習に関する宿題を出し、こまめに実施する小テストで到達度を計測。一方で、週末に取り組む課題では、日記やエッセイ、リスニング、音読などを設定。音読は音声を吹き込んだデータを提出し、1人ひとりの発音を教員がチェックしてコメントや助言をする徹底ぶりです。

「だからこそ学習習慣が確実に身につきます。一方でこれだけ英語に触れる機会が多いと、ビギナーには難しいのではないかというお問い合わせをいただくこともありますが、むしろそうした方にこそ本校はピッタリだとお伝えしたいです。習熟度に応じた4つのコース制を採用しているため、これから本格的に学習を始める初習者には確固たる土台を築くために、すでに英語の学習経験を持つ生徒にはそのアドバンテージを活かしてさらに力を伸ばすために、それぞれ手厚い指導体制と万全のカリキュラムを構築しています。

　確かな英語力を軸にして別の武器を磨きやすくなるという強みもあります。それは探究学習かもしれませんし理系的アプローチかもしれません。英語という軸があるからこそ大学合格実績の伸びが著しいものになっていると思います」と田中先生。

　経済誌による「6年間で伸びる進学校ランキング」で上位の常連になりつつあり、注目度がますばかりの富士見丘。今後のさらなる伸長にも期待が高まります。

ここがすごい！ 富士見丘の英語教育

毎週取り組む エッセイライティング

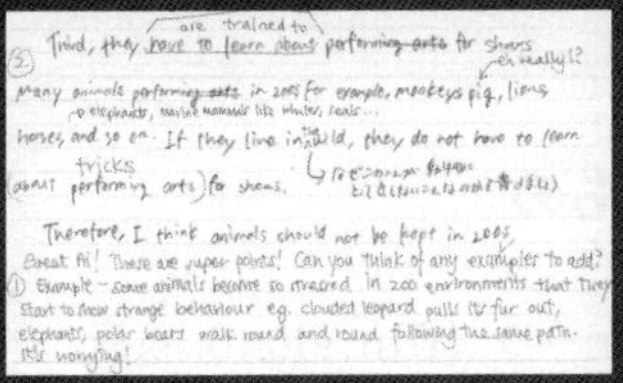

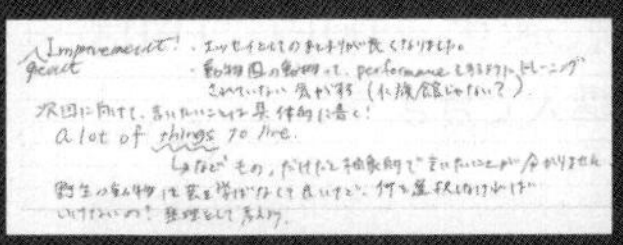

中1は日記、中2以降はテーマに沿ったエッセイに挑戦します。日本人教員とネイティブ教員の「コラボ添削」を受け、翌週に書き直しを行うことで、生徒たちの書く力は確実に伸びていきます。

振り返りまでしっかりと オンラインスピーキング

振り返りシートに、その日のレッスンを通して学んだ語句や会話特有の表現、言いたかったが上手く言い切れなかった英語を書き出し、添削を受けます。これにより「会話というその場限りの行為から継続的な学習の場へと転化し、英会話だけでない英語力全体の底上げの役割を果たしています」（田中先生）

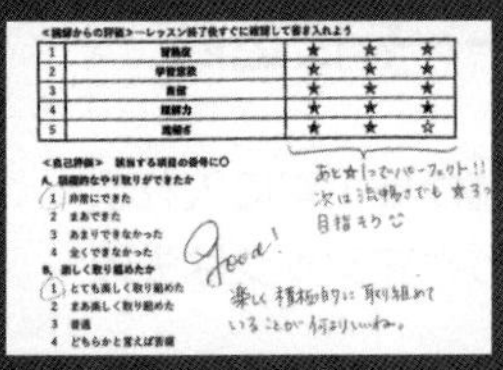

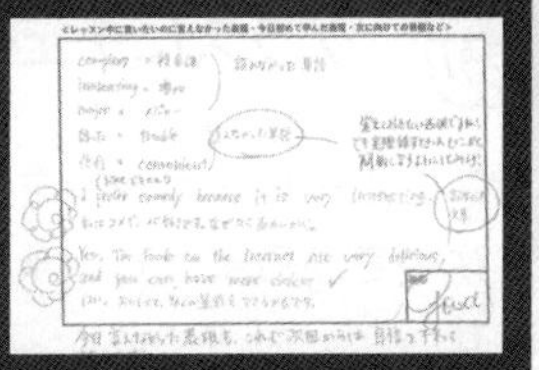

高い英検取得率 3級以上100%、準2級以上73%

2022年度中学3年生 英検取得状況

「5年連続で準2級以上の合格率が70%以上に達しています。GTECにおいても、特にSpeakingでは全国の高3生の平均スコアを上回るなど、生徒たちの頑張りは目を見張るものがあります」（田中先生）

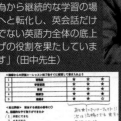

親子でやってみよう

科学マジック

立ち上がるチェーン

日常生活では当たり前だ、と思っていることでも、
よく観察すると不思議なことが見つかります。
今回は、そんな現象の1つがマジックになりました。
不思議なチェーンが描き出す動きに注目してみましょう。

step 1 用意するもの

①グラス　②ボールチェーン（6m〜10m）※長いものの方が現象が持続します。600円／1mほどでホームセンターで購入できます。

step 2 ボールチェーンとは

ボールチェーンとは、金属製のボールをピンでつなげ、連なった形のチェーンにしたもののこと。いわゆる鎖とは形状が異なります。

step 3 グラスにチェーンを仕込む

グラスにボールチェーンを端から丁寧に入れます。途中でからまってしまうとマジックは失敗します。

step 4 チェーンの端を出しておく

グラスに入れ終わったら、ボールチェーンの端をグラスから少し出しておきます。

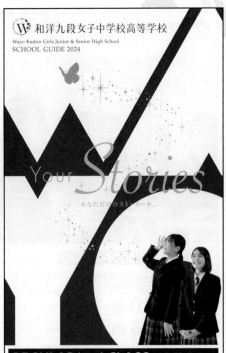

step 5 チェーンを投げ出す

グラスを肩より上に高く掲げておきます。ボールチェーンの端をつまみ、前方に素早く投げ出します。

step 6 チェーンは一気に落下していく

ボールチェーンは金属製のため、重みがあるので初めのうちはグラスのフチでシャリシャリと音をたてながら、床に向かって一気に落ちていきます。

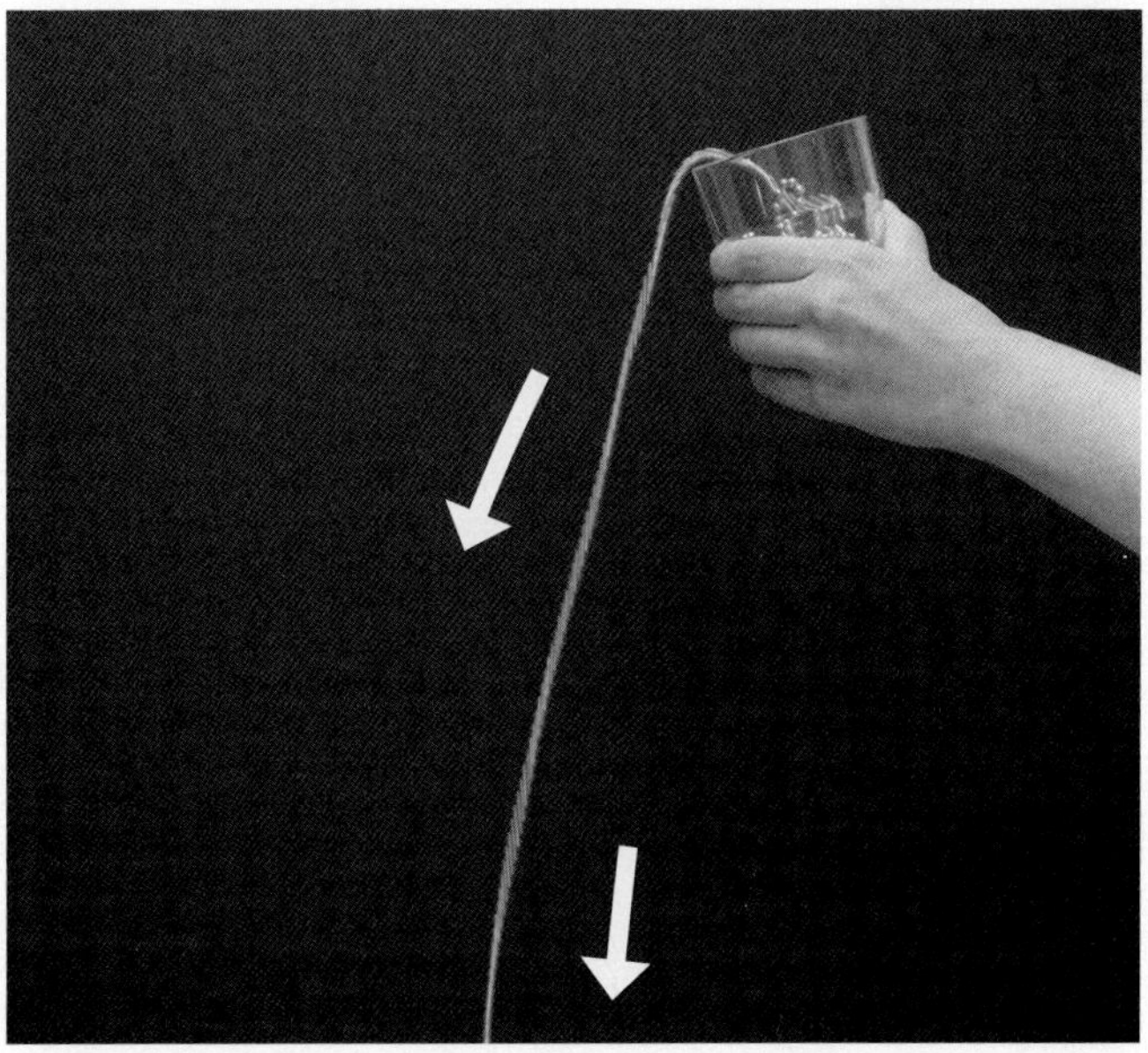

step 7 チェーンが立ち上がって放物線を描く

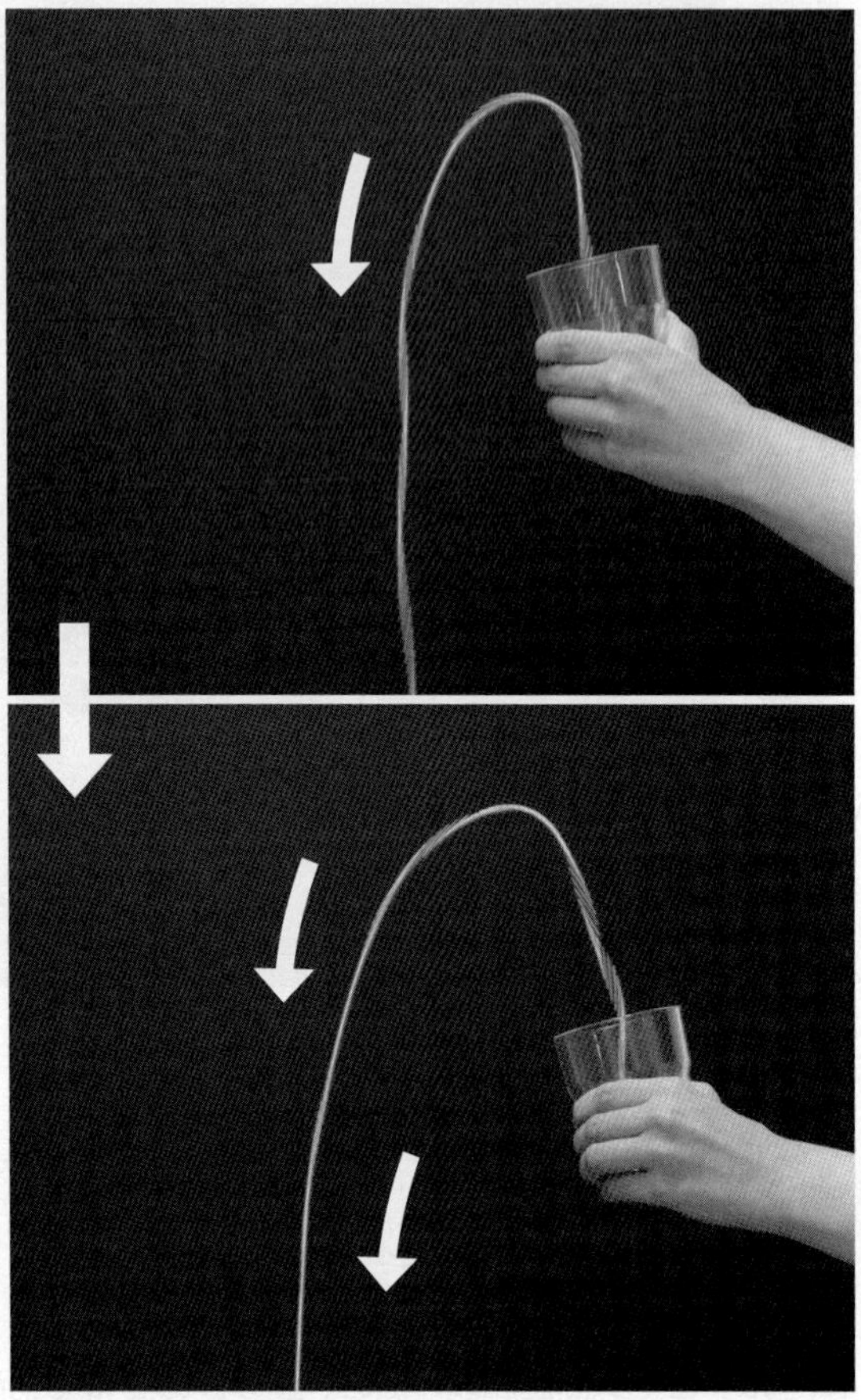

数秒後、グラスを出たボールチェーンはいきなり、落下するのとは反対の上方に向けて立ち上がり、上に凸の放物線を描いてから落ちていくようになります。まるで重力に逆らう動きです。

step 8 鎖状のチェーンではうまくいかない

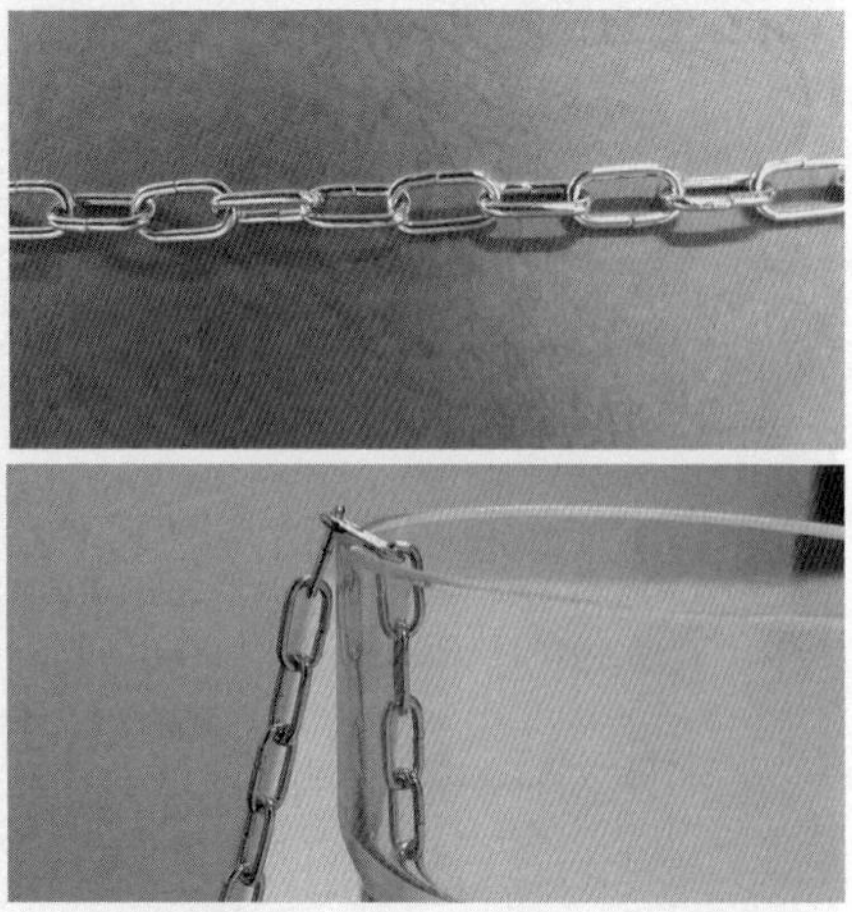

写真㊨のようなチェーンでは、今回のマジックはできません。ボールチェーンはピンでつながれているため、step4のようにグラスのフチで放物線を描きますが、このチェーンではすぐに折れ曲がってしまうからです。

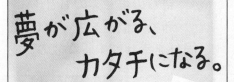

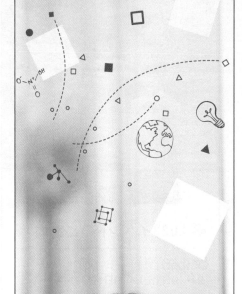

解説

アクセサリーとしても人気があるボールチェーンは、風呂の浴槽や水洗タンクの栓のチェーンとしてもよく使われています。重みがあって、ステンレス製のものは水にも強く丈夫だからです。

ボールチェーンが織りなす、このマジックの現象は、重力に逆らっているように見えることから、「アンチニュートンビーズ」や、縮めて「ニュートンビーズ」と呼ばれています。

step 8で説明した通り、輪をつなげた鎖は、コップのフチで180度折れ曲がってしまい立ち上がることはないのですが、ボールチェーンの場合、ボールとボールをつなげるピン（軸）がある構造上、その軌跡は放物線を描いて落ちることになります。

詳しく説明すると、鎖型の場合、長めのだ円状の輪同士がつながっているため、輪と輪は自由に動き、180度の折れ曲がりにも対応できるのですが、ボールチェーンの場合は、ピンでつないであるため、隣のボールとの折れ曲がりが制限されるので、180度向きを変えるには隣のピン同士が少しずつ角度を変えていき、多くのボールを経て、180度向きを変えることができるのです。

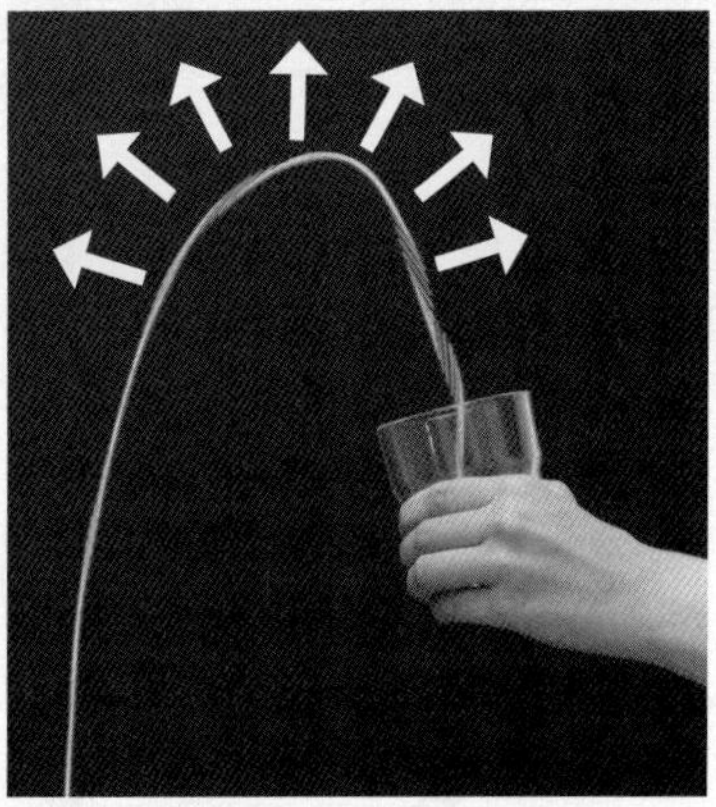

では、なぜボールチェーンは上方に立ち上がり、放物線を描くのでしょうか。

これにはいくつかの説があります。放物線という言葉にも語弊があって、じつはよく似た曲線の懸垂線だともいわれます。ここでは、みなさんになじみのある放物線という言葉で説明しています。

ボールチェーンはボールもピンも金属製のために重量があり、グラスのなかでボール部分が上に移動するときの慣性によって、上方に立ち上がるという説明もありますが、放物線を描くことの説明には不十分です。実際にやってみると、グラスの位置は高い方がよいことがわかります。これは、落下距離が長いほど、落ちるボールチェーンのスピードが出るからだと考えられています。

このことによって、**写真㊤**に示した矢印の方向に遠心力が働いているのではないか、と考えることができます。例えば高速道路で自動車がカーブするとき、凸の方向に引っ張られる遠心力は、スピードが速いときの方が強く感じられることからもわかります。

国内でもニュートンビーズの研究者は少なく、まだ解明されていないことも多いので、ここでは「遠心力による力が関係している」という解説にとどめておきます。

動画はこちら↑

ジュクゴンザウルスに挑戦！

熟語パズル

この問題、解けるかなってジュクゴンザウルスがいばっているぞ。さあみんなで挑戦だ！

【問題１】 ２つの文章【ア】【イ】があります。下線が引かれた部分をそれぞれ漢字二字の熟語にしてください。

【ア】私たちの学校の①こうちょう先生は、朝礼で、学校のよいところをたくさん話しました。とくに②こうちょうなバレーボール部の活躍を話すときは、その顔が③こうちょうしていました。

【イ】SLの④きしゃの話題を記事にする⑤きしゃは、取材を終えて、きのう、⑥きしゃしました。

答えは109ページ

【問題２】３字の漢字グループＡとＢがあります。Ａのグループから漢字１字と、Ｂのグループからの漢字１字を組みあわせて、２字の熟語を作ってください。あなたはいくつ作れるかな。漢字の前後はＡが先でもＢが先でもかまいません。

Ａ　牛　温　力

Ｂ　学　室　乳

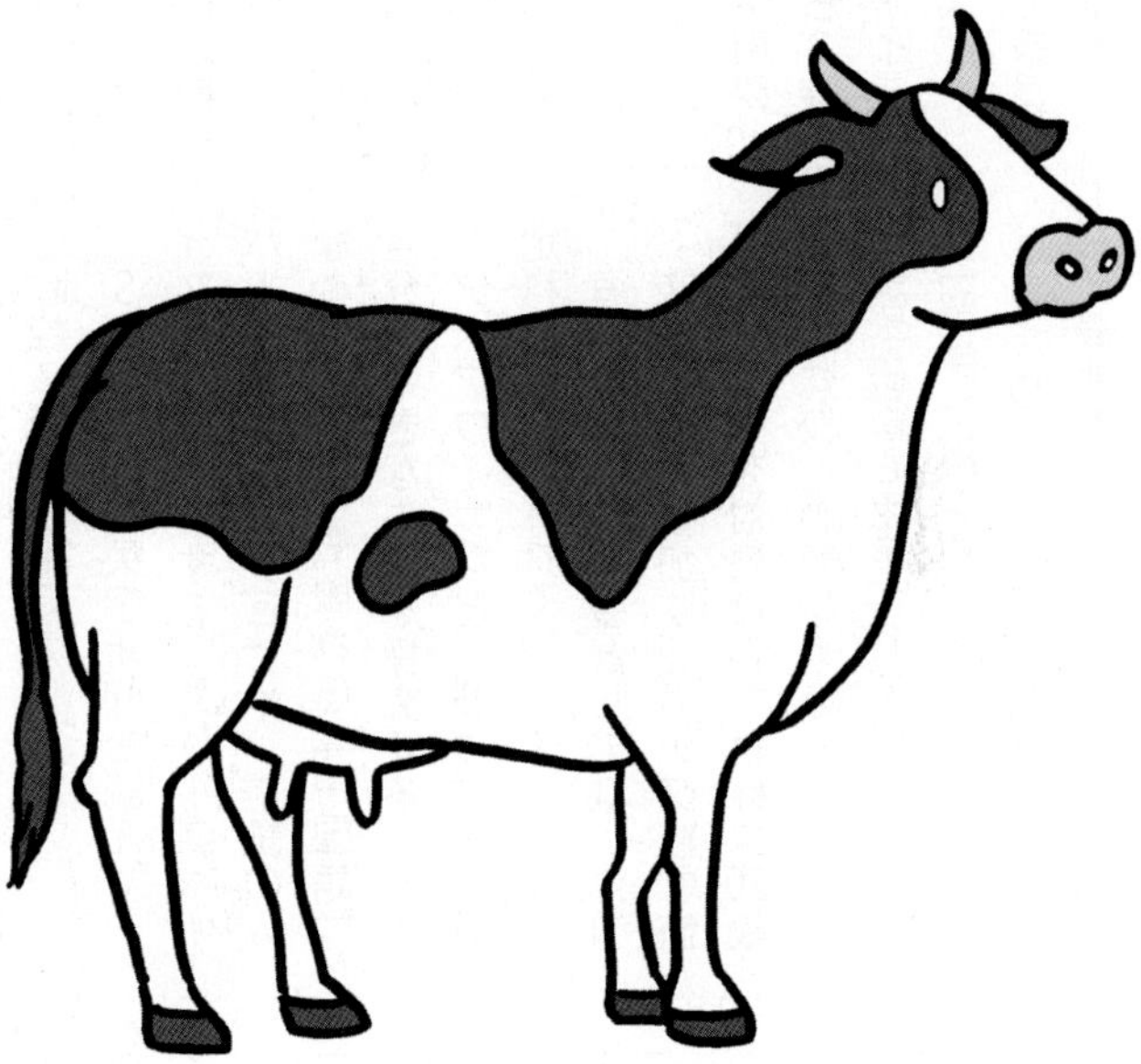

【タイアップ記事】

確かな語彙力を土台とする 高い発信力を養う英語教育

目白研心《めじろけんしん》中学校

共学校

中３から「Super English Course（SEC）」を設置し、例年海外大学進学者も輩出する目白研心中学校。そんな同校ではどのような英語教育が実施されているのでしょう。

●所在地：東京都新宿区中落合４-31-1　●TEL：03-5996-3133　●アクセス：都営大江戸線「落合南長崎駅」徒歩９分、西武新宿線・都営大江戸線「中井駅」徒歩12分、地下鉄東西線「落合駅」徒歩14分
●URL：https://mk.mejiro.ac.jp/

ネイティブ教員と交流する生徒たち

コツコツと学び多角的に英語力を伸ばす

目白研心中学校（以下、目白研心）では、英語４技能を伸ばすことに加え語彙力の養成に力を入れています。その教育について、吉田直子校長先生は「たとえ伝えたいことがあったとしても、単語がわからなければ伝えることはできません。ですから、自信を持って意見を発信できるようになるためには、語彙力が重要だと考えています」と話されます。

語彙力養成のために実践されているのは、3年間かけて『キクタン【中学英単語】高校入試レベル』（アルク）を1冊すべて習得すること。範囲が決まっている朝テスト（週1回）と、範囲が決まっていないテスト（定期テスト期間、中1生〜中3生同一のもの）を受けることで知識を定着させます。全生徒対象のテストにおける平均点は、中1生よりも中2生、中2生よりも中3生が高く、それを知った生徒はコツコツと取り組むことの大切さを実感するといいます。

吉田《よしだ》 直子《なおこ》 校長先生

英語の授業は、中1から週7時間のうち3時間はネイティブスピーカーの教員によるオールイングリッシュで展開されます。教科書もすべて英語で書かれています。

「日本人教員の授業はオールイングリッシュにこだわりません。高校での学びや大学受験に向けて生徒が疑問を残さないよう、日本語も使って丁寧に指導しています。ただし採用の際は、日本人教員も英語で授業や会議ができる力があることを条件にしています」と吉田校長先生が話されるように、目白研心ではどの英語科教員も確かな力を持っています。

中3からは、「特進コース」、「総合コース」のほか、条件を満たすことでグローバル人材育成をめざす「Super English Course（SEC）」に進むことも可能です。

SECには、英字新聞を読んでディスカッションする「ニュースペーパーイングリッシュ」や、言語のみならず文化にも触れる「中国語」、自分の好きなことを探究する「ジーニアスアワー」など、多彩な学校設定科目が設置されています。

海外を訪れる機会としては、全コースの生徒が参加するカナダ修学旅行、希望者を対象とした世界に20校ある姉妹校への留学やオーストラリア語学研修も用意されています。

「留学や語学研修は、語学力を上げるためだけのものではありません。現地では、きちんと意見を言わなければなりませんし、自分で選んで参加したのだからと学ぶことへの自立心が芽生えます。また、うまく話すことができず悔しさを感じることもあるでしょう。その悔しさをバネに帰国後にぐんと英語力を伸ばす生徒が多いです」と吉田校長先生。

このように英語力を多角的に伸ばすことができる目白研心。しかしそれだけではなく、吉田校長先生は「多様なバックグラウンドを持つ人々と協働するためには、表現力や豊かな人間性も求められます。そうした力を養うために必要なのは、心を震わせるような感動体験ではないでしょうか。その思いから、年に1回、全学年を対象として日本や世界で活躍する和太鼓奏者やオーケストラの公演を貸し切りで鑑賞する機会を設けています」と話されます。

英語力と人間力をあわせ持った目白研心生は、世界の人々と協力し、よりよい社会を作ることのできる人材へと成長していくことでしょう。

桐陽祭（文化祭）　要予約
9月16日(土)　9月17日(日) 両日とも9:00〜14:00
学校説明会　要予約
10月14日(土)　11月4日(土) 両日とも14:00〜
授業見学会　要予約
11月14日(火)　10:30〜
入試体験会　要予約
12月23日(土)　13:30〜

※新型コロナウイルス感染症の拡大により、中止、もしくは変更になる可能性があります。実施の有無はホームページでご確認ください。

魅力に迫る

東《とう》洋《よう》大《だい》学《がく》京《けい》北《ほく》中学校

■ 東京都　文京区　共学校 ■

中3を対象に行われた「保護者による職業講演会」

主体的な学びにより様々な力を身につける「哲学教育」「国際教育」「キャリア教育」

東洋大学京北中学高等学校は、近年大学合格実績を伸ばしている学校の１つです。その要因はどこにあるのか、２人の先生にうかがいました。

2023年春 大学合格実績抜粋　（ ）は既卒生

大学名	合格者数	大学名	合格者数
旭川医科大（医・医）	1（0）	青山学院大	22（1）
東京外国語大	1（0）	立教大	20（0）
東京学芸大	1（0）	明治大	42（2）
埼玉大	1（0）	中央大	27（0）
千葉大	2（0）	法政大	46（2）
茨城大	1（0）	学習院大	18（0）
東京都立大	3（0）	成蹊大	13（0）
早稲田大	14（0）	成城大	9（2）
慶應義塾大	9（1）	明治学院大	28（0）
上智大	2（1）	國學院大	19（2）
東京理科大	10（2）	武蔵大	24（0）

3つの教育の柱で生徒の希望進路をかなえる

「哲学教育（生き方教育）」「国際教育」「キャリア教育」を教育の柱とする東洋大学京北中学高等学校（以下、東洋大京北）。その名が表す通り、東洋大学の附属校であり、附属校推薦入学枠も用意されています。そして、その一方で、多様な進路選択に対応できる体制も整えています。

進路指導部長である武田浩哉先生は「中学生の間は『文京区にゆかりのある職業講演会』や『保護者による職業講演会』、『東洋大学訪問』などを通じて視野を広げます。そのうえで、自分はどんなことに関心があるのかを悩みながら見つけていくのです。年3回の進路面談で生徒に寄り添いつつ、意識しているのは彼ら自身に目標を見つけてもらうことです」と熱く語ります。

高1からは、難関大学の受験を前提とする「難関進学クラス」と東洋大学への進学を含め様々な可能性を探る「進学クラス」を設置し、高2・高3は文系・理系に分かれて学びを深めていきます。東洋大学の附属校と聞くと、文系学部への進学に強いイメージがあるかもしれません。しかし、同大学には理工学部もあり、他大学の理系学部への進学も含めしっかりとサポートしています。

昨年度、高3生を受け持った澤田由佳先生は「6年間を終えて、自ら決めた目標を諦めることなく合格をつかみ取りにいくという主体的な姿勢が重要だと実感しました。我々教員の役割は、そんな生徒たちを全力で応援することです。『進学クラス』の生徒も『難関進学クラス』に負けない頑張りをみせ、高みをめざしていることが、大学合格実績の伸長につながっているのを感じます」と話します。

2023年春の大学合格実績は国公立大学17名、早慶上理35名、G-MARCH175名（その他有名大学多数）。この結果には、先生方の言葉通り、東洋大京北生が持つ主体性が関係していると考えられます。

そして、その主体性は「キャリア教育」と並ぶ「哲学教育（生き方教育）」「国際教育」によって養われています。「より良く生きること」をテーマに考えをめぐらす「哲学」の授業や全員が取り組む「哲学エッセーコンテスト」、東洋大学の留学生との交流、フィリピンやアメリカを訪れる海外研修など、多彩な学びを通じて幅広い視野を持ち、物事を多角的に深く考えられる力が培われていきます。それらの力を身につけた自信が様々なことに積極的に取り組む姿勢につながっているのでしょう。

「3つの柱を軸としながらも、より良い教育をめざし、変化を続けている学校です」と先生方が話されるように、これからがますます楽しみな東洋大京北です。

入試イベント

※日程は変更の可能性があります

京北祭
9月23日 土祝　9月24日 日
10:00～15:00

学校説明会 要予約
10月 7日 土 15:00～16:30
11月11日 土 15:00～16:30
12月16日 土 15:00～16:30

入試問題対策会 要予約
12月23日 土 ※動画配信

SCHOOL DATA

所在地 東京都文京区白山2-36-5
アクセス 都営三田線「白山駅」徒歩6分、地下鉄南北線「本駒込駅」徒歩10分、地下鉄丸ノ内線「茗荷谷駅」徒歩17分、地下鉄千代田線「千駄木駅」徒歩19分
TEL 03-3816-6211
URL https://www.toyo.ac.jp/toyodaikeihoku/jh/

ともに学び、ともに挑む
自ら道を選ぶ場所

帝京大学中学校

TEIKYO

Teikyo University Junior High School

〒192-0361 東京都八王子市越野322 TEL.042-676-9511(代)

https://www.teikyo-u.ed.jp/

■ 2024年度 中学入試学校説明会 ※本年度の説明会はすべて予約制です

	実施日時		内容
第2回	9月16日(土)	10:00〜11:30 14:00〜15:30	『本校の学びについて 〜高等学校を中心に〜 』 ・高校在校生＆教員 座談会「高校生から見た本校」
	9月17日(日)	14:00〜	・9月16日(土)説明会の様子をYoutube限定公開で放映※
第3回	10月 7日(土)	10:00〜11:30 14:00〜15:30	『本校の学びについて 〜行事・学校生活から将来へ〜 』 ・卒業生と当時の担任の対談「学校生活を振り返って」
	10月 8日(日)	14:00〜	・10月7日(土)説明会の様子をYoutube限定公開で放映※
第4回	11月11日(土)	14:00〜15:30	『帝京大学中学校入門 ー初めて参加される皆様へー』 ・在校生保護者へのインタビュー「保護者から見た本校」
	11月12日(日)	14:00〜	・11月11日(土)説明会の様子をYoutube限定公開で放映※
第5回	12月16日(土)	10:00〜11:30 14:00〜15:30	『入試直前情報＆過去問解説授業』 ・生徒より「先輩受験生からのメッセージ」
	12月17日(日)	14:00〜	・12月16日(土)説明会の様子をYoutube限定公開で放映※
第6回	小学4・5年生対象 3月 2日(土)	10:00〜11:30	『小学4・5年生対象 帝京大学中学校入門』 ・本校での学習と生活 ・入試結果分析
	3月 3日(日)	14:00〜	・3月2日(土)説明会の様子をYoutube限定公開で放映※

※説明会の予約方法は、各説明会の約1ヵ月前にホームページに掲載させて頂きます。
※録画した説明会動画はアーカイブ化しているため、登録者は過去の動画を閲覧することが可能です。

●スクールバスのご案内

月〜土曜日／登下校時間に運行。
詳細は本校のホームページをご覧ください。

JR豊田駅 ←→ 平山５丁目(京王線平山城址公園駅より徒歩５分) ←→ 本 校
←(約20分)→

多摩センター駅 ←(約15分)→ 本 校

青稜中学校・高等学校
2023－2024

6年間で最大5ヶ国を訪問
学びの扉を世界に開き
世界レベルでの自己実現を目指す

多摩大学目黒の英語教育の大きな目標の一つは世界中で必要とされる日本人を育てることです。２名のネイティブ専任教員による英会話の授業では英語表現の背景にある文化や習慣、ものの考え方を紹介しながら、幅広い表現力を身につけ、世界中に通用する英語を習得します。さらに６年間で最大５ヶ国を訪問することにより、世界規模で物事を考えることのできる広い視野と世界を相手にしっかり「交渉」できるコミュニケーション力を磨きます。これらの経験と能力は10年後、20年後に社会人として国内でも海外でも常に必要とされる人物であり続けるための確固たる土台となります。

1人1台iPadを活用、考える力と伝える力を伸ばす！

生徒と教員、また生徒同士をつなぐコミュニケーションツールとして1人1台iPadを活用。学習到達度や指導経過を確認しながら一人ひとりに最善の指導ができます。また調べたり考えたりした内容をiPadにまとめる作業を通して、考える力や伝える力を伸ばします。

大学・官公庁・企業と連携したアクティブラーニング

多摩大学と高大連携を軸に官公庁や企業と連携したアクティブラーニングが始動しました。地域振興や国際会議、起業プロジェクトなど様々な活動に参加することを通して、知的活動の幅を広げます。これらの経験は新たな大学入試に対応する学力を伸ばすことにつながり、大きなアドバンテージになります。

●中学受験生・保護者対象学校説明会 要予約 ※小6限定

11/4（土） 10:00～ 授業見学あり
1/12（金） 19:00～
1/13（土） 10:00～ 授業見学あり

●特待・特進入試問題解説会 要予約 ※小6限定

11/18（土） 10:00～
12/9（土） 10:00～

●颯戻祭（学園祭） 要予約

9/16（土）・17（日） 10:00～15:00※公開予定

※各イベントの予約方法・人数等については後日公開します。

●2024年度生徒募集要項

試験区分	進学 第1回	進学 第2回	特待・特進 第1回	特待・特進 第2回	特待・特進 第3回	特待・特進 第4回	特待・特進 第5回
募集人員	34名		特待20名 特進60名				
出願期間	1月10日（水）より各試験当日午前1時まで。（特待・特進第3～5回は当日朝窓口出願可能）						
試験日	2/1（木） 8:30集合	2/2（金） 8:30集合	2/1（木） 14:30集合	2/2（金） 14:30集合	2/3（土） 14:30集合	2/4（日） 10:00集合	2/6（火） 10:00集合
試験科目	2科または4科（出願時に選択）		4科		2科		
合格発表（ホームページ）	各試験当日 14:00～16:00		各試験当日 21:00～21:30			各試験当日 14:00～16:00	
合格発表（校内掲示）	各試験当日 14:00～16:00		各試験翌日 12:00～13:30			各試験当日 14:00～16:00	

明日の自分が、今日より成長するために…

多摩大学目黒中学校

〒153-0064 東京都目黒区下目黒 4-10-24 TEL. 03-3714-2661
JR山手線・東急目黒線・都営地下鉄三田線・東京メトロ南北線「目黒駅」西口より徒歩12分
東急東横線・東京メトロ日比谷線「中目黒駅」よりスクールバス運行
多摩大学目黒 検索 https://www.tmh.ac.jp

国語 算数 理科 社会

※日程・内容は変更の可能性があります。必ず各校のHPでご確認ください。

立《りつ》教《きょう》女《じょ》学《がく》院《いん》中学校

●東京都杉並区久我山4-29-60 ●京王井の頭線「三鷹台駅」徒歩１分 ●03-3334-5103
●https://hs.rikkyojogakuin.ac.jp/

問題

下の図は，１辺の長さが８cmの立方体を真上から見たものです。この立方体を，図の斜線《しゃせん》部分とその他の部分が分かれるように，上の面から底面に向かって垂直《すいちょく》に切断《せつだん》します。ただし，図の斜線部分はすべて，半径４cmの円の一部です。斜線部分の表す立体のあつまりをＡ，その他の部分の立体のあつまりをＢとして，次の問いに答えなさい。ただし，円周率は3.14とします。

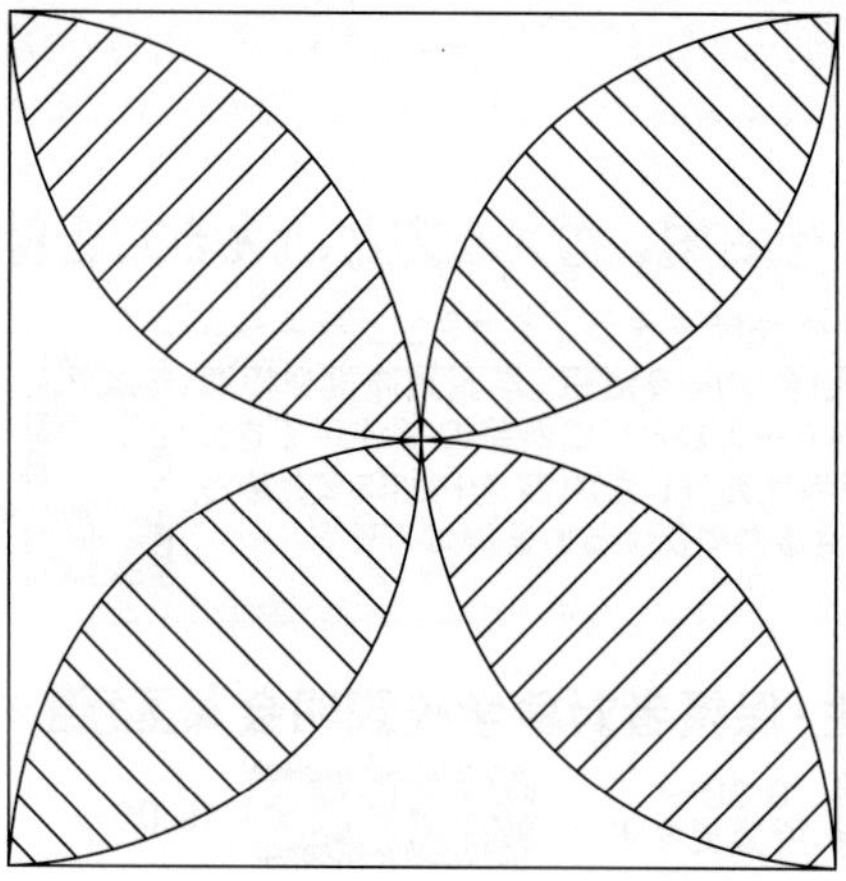

（１）立体のあつまりＡの底面積は何cm^2ですか。

（２）立体のあつまりＡの体積は何cm^3ですか。

（３）立体のあつまりＡの表面積は何cm^2ですか。

（４）立体のあつまりＢの表面積は何cm^2ですか。

解答 (1) $36.48cm^2$ (2) $291.84cm^3$ (3) $474.88cm^2$ (4) $712.96cm^2$

マーガレット祭(文化祭)〈要予約〉
10月27日(金) 10月28日(土)

秋の校内見学会〈要予約〉
11月18日(土)

私立中学の入試問題にチャレンジ Challenge!

浅野《あさの》中学校

●神奈川県横浜市神奈川区子安台1-3-1　●JR京浜東北線「新子安駅」、京急線「京急新子安駅」徒歩８分
●045-421-3281　●https://www.asano.ed.jp/

問題

次の［ア］～［オ］にあてはまる数をそれぞれ求めなさい。

1000人に１人の割合（0.1％）で人間に感染しているウイルスがあります。Ａさんは、このウイルスに感染しているかどうか検査を受けたところ、陽性と判定されました。Ａさんの受けた検査の精度は、感染者のうちの70％の人が正しく陽性と判定され、また、非感染者のうちの99％の人が正しく陰性《いんせい》と判定されるものとします。

このとき、Ａさんが実際に感染している可能性について考えてみます。

Ａさんの住んでいる都市の人口が10万人であるとします。

このうち実際に感染している人は［ア］人で、この人たちが全員検査を受けたとすると［イ］人が正しく陽性と判定されます。

また、感染していない人が全員検査を受けたとすると、この中で［ウ］人が間違《まちが》って陽性と判定されます。

したがって、陽性と判定される人はこの都市の人口のうち全部で［エ］人いることになります。このうちの実際の感染者は［イ］人です。

このことから、Ａさんが実際に感染している可能性は［オ］％であると考えられます。ただし、［オ］は少数第２位を四捨五入して求めなさい。

解答　ア…100　イ…70　ウ…999　エ…1069　オ…6.5

打越祭（文化祭）
９月17日（日）　９月18日（月祝）

学校説明会〈要予約〉
10月７日（土）14:00～
10月14日（土）時差開催
※10月７日（土）は保護者対象

成城《せいじょう》中学校

異文化を受け入れながら自分を表現できるリーダーに

創立以来、「知・仁・勇」の精神のもと、知徳に優れたリーダーの育成に取り組んできた成城中学校。今回は、2021年度のカリキュラム改変で新設された3つの独自授業と、グローバル教育について、3人の先生にお話をうかがいました。

3つの独自授業で表現力・発信力を磨く

2025年に創立140年を迎える成城中学校（以下、成城）。校章の「三光星」が示す「知（深い読み取りのできること）・仁（相手の立場に立って考えられること）・勇（勇気を持って決断できること）」を備えたリーダーを育成するため、生徒の自己確立を促す様々な教育プログラムを行っています。

独自授業の「国語表現」「英会話」「数学統計」では、それぞれ日本語、英語、統計データを使って、「自分」を表現するための力を育成しています。

「国語表現」（中1～中3）では、話しあいやプレゼンテーションで自分の意見を他者に発信する力を養います。なかでも特徴的なのが、図書館との連携授業。「この本の魅力を伝えるには『だれに・なにを・どのように』表現するのが効果的なのか」を分析して本のポップを作る取り組みや、班になって数冊の本を回し読みし、印象に残った本の要点をまとめてクラスメイトに発表する「点検読書」などが行われています。

「点検読書では、短時間で要点を読み取るインプット力、考えたことを仲間と共有し、協働して意見をまとめるアウトプット力を高めます」と話すのは、中島裕幸教頭先生です。

「今後自ら勉強を進めていく際に、図書館で必要な本を探し、調べ、まとめる作業は必須です。中学のうちは多くの本に触れ、そのなかで本の使い方や、伝えたいことを正しく表現するための力を磨いてほしいです」（中島教頭先生）

英語科では通常授業に加え、会話で自分を表現する「英会話」（中1～中3）を実施しています。ほとんどの時間を使い、会話を行うこの授業。英語科の城《じょう》佳範先生は、「『失敗したくない』という気持ちから、なかなか話せない生徒もいます。しかし英語は言語です。まずは簡単でもいいので、会話を通して自己を表現し、互いの理解を深めてほしいと思っています」と話されます。テスト

「数学統計」では、MicrosoftやGoogleのソフトウェアを活用しデータ処理に挑戦

90年以上続く伝統の「臨海学校」。指導にあたる先輩の姿から、生徒は「リーダーシップ」を学んでいきます

はネイティブ教員との1対1の会話形式です。生徒は使い慣れた英語表現を駆使しながら、リラックスして会話に挑戦しているそうです。

「数学統計」(中1)では、情報リテラシーやタッチタイピングのほか、政府が公開している統計データなどを使用して、自ら表やグラフを作成・分析し、その結果を活用する取り組みに挑戦しています。

「『中1の月々のお小遣いの金額』という統計データを使った際には、分析結果をもとに『お小遣いの額をアップしてほしい』と主張しようとした生徒が多くいました（笑）。しかし結果的には、『この統計は交渉材料にできない』という結論に達した生徒がほとんどのようです。ここで重要なのは、『多くの情報から必要なものを選び、活用したうえで、このデータでは主張できない』という結論に行きついた過程そのものです。これをきっかけに、『このデータは自分に有用なものなのか』を考える癖をつけてほしいです」(中島教頭先生)

世界を通して自分を見つめる「成城版グローバル教育」

独自授業を通して表現力・発信力を磨く成城生。その力が存分に活かされるのが、希望者を対象に行われるグローバル研修プログラムです。

「グローバルスタディズ・プログラム」(中3～高2)では、ベーシック(中3)・スタンダード(高1)・アドバンスト(高2)の3コースを用意しています。コースをまとめるファシリテーターのもと、グループリーダーの留学生を中心に、5日間かけて英語で議論・企画・発表に取り組みます。

「この期間は一日中英語を使うことになるので、言葉通り『英語漬け』になります。しかし毎年、英語に苦手意識を持つ生徒も果敢に挑戦しています。成城での学びが複合的に積み重なることで、『失敗してもいいから、自分の実力を試したい』という気持ちが生まれるのではないでしょうか」(城先生)

徹底的に英語力を磨き上げるグローバルスタディズ・プログラムに対し、ホームステイをしながらホスト校に通う「オーストラリア・グローバルリーダー研修(中3～高2)」、現地の学生との交流や企業訪問を行う「台湾・グローバルリーダー研修(高1・高2)」では、「本物に触れる」体験を重視しているといいます。

英語科の松垣雅彦先生は、「これからの社会で役に立つ人材になるには、『世界には自分とまったく違う価値観、文化背景を持った人々がいる』ということを知る必要があります。実際に海外に足を運び、ホームステイ先で英語が通じず悔しい思いをしたり、海外で働く日本人から話を聞いたりした経験そのものが、彼らを世界で活躍する『グローバルリーダー』にしていくと考えています」と話されます。

英語力の向上だけでなく、異文化で暮らす人々とかかわるなかで「自分」を知り、自己確立をめざすのが、「成城版グローバル教育」の大きな特徴なのです。

このように、成城生は6年間での様々な経験を通し、他者の意見を受け入れ、そして自分の意見を発信していくための力を養っていきます。こうした日々の積み重ねが、生徒を「知・仁・勇」を兼ね備えた人間へと成長させていくのでしょう。

学校説明会〈要予約〉

9月27日(水)　10月14日(土)
10月28日(土)　11月1日(水)
11月25日(土)　1月10日(水)
すべて9:45～11:15

成城祭(文化祭)〈要予約〉

9月16日(土)　9月17日(日)

――School Information〈男子校〉――

所在地：東京都新宿区原町3-87
アクセス：都営大江戸線「牛込柳町駅」徒歩1分
TEL：03-3341-6141
URL：https://www.seijogakko.ed.jp/

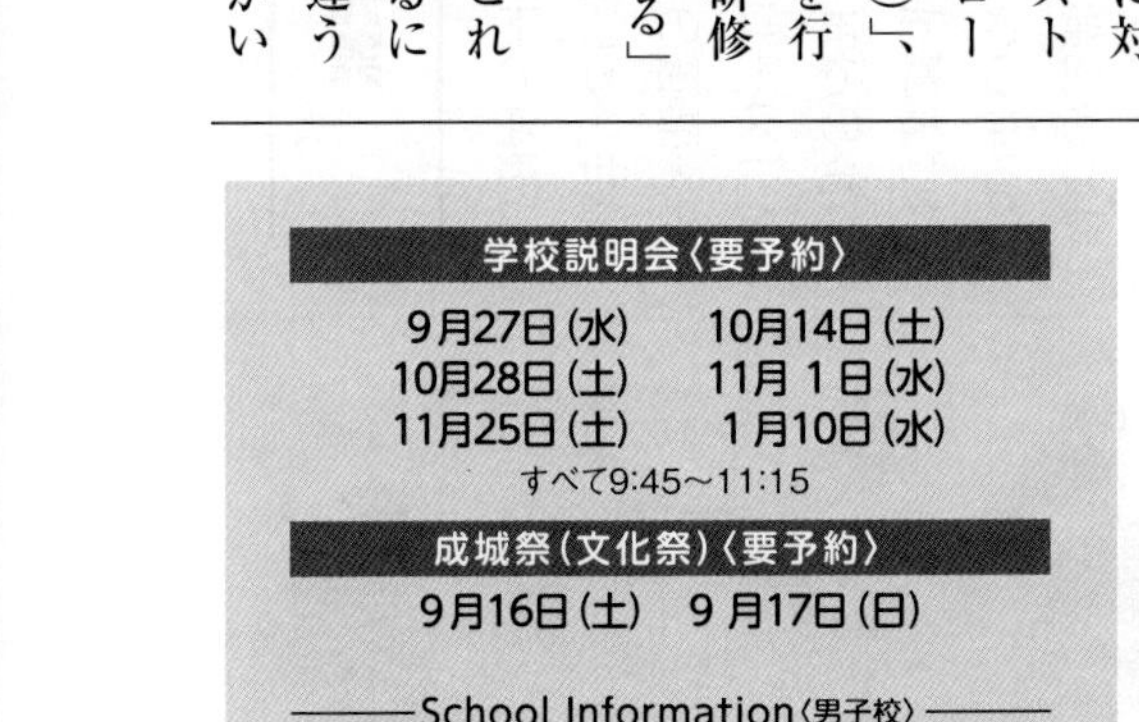

「オーストラリア・グローバルリーダー研修」では、ホスト校の生徒と文化交流を行います

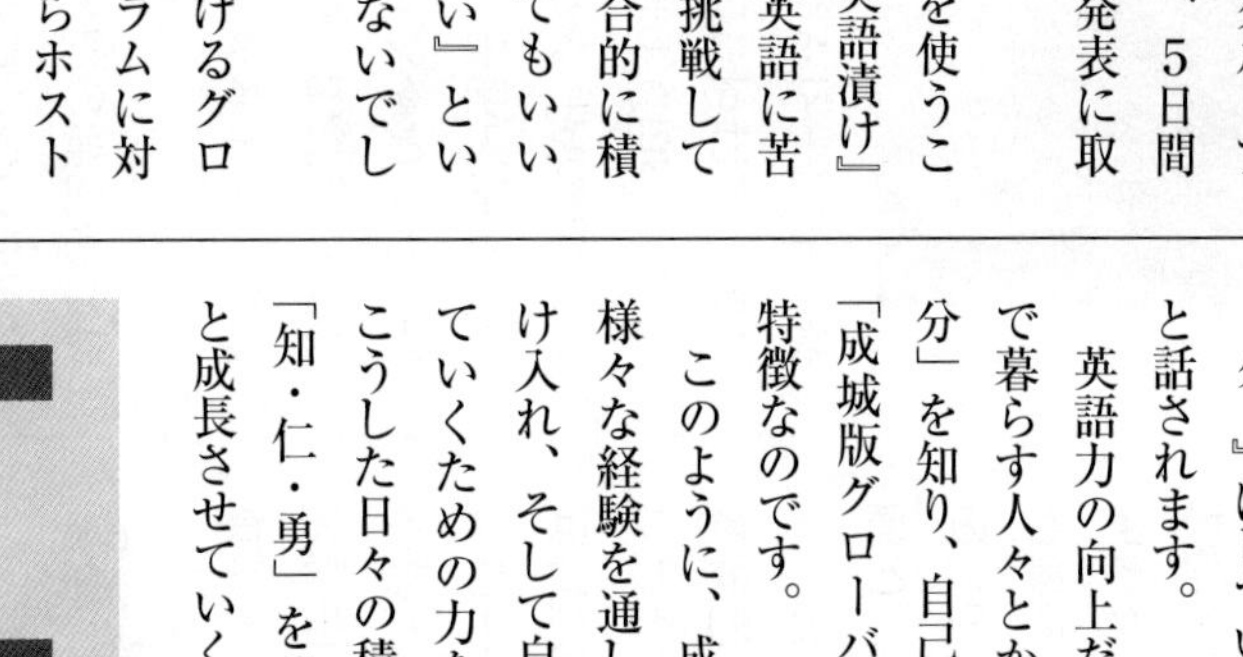

「グローバルスタディズ・プログラム」で留学生と積極的に対話する成城生

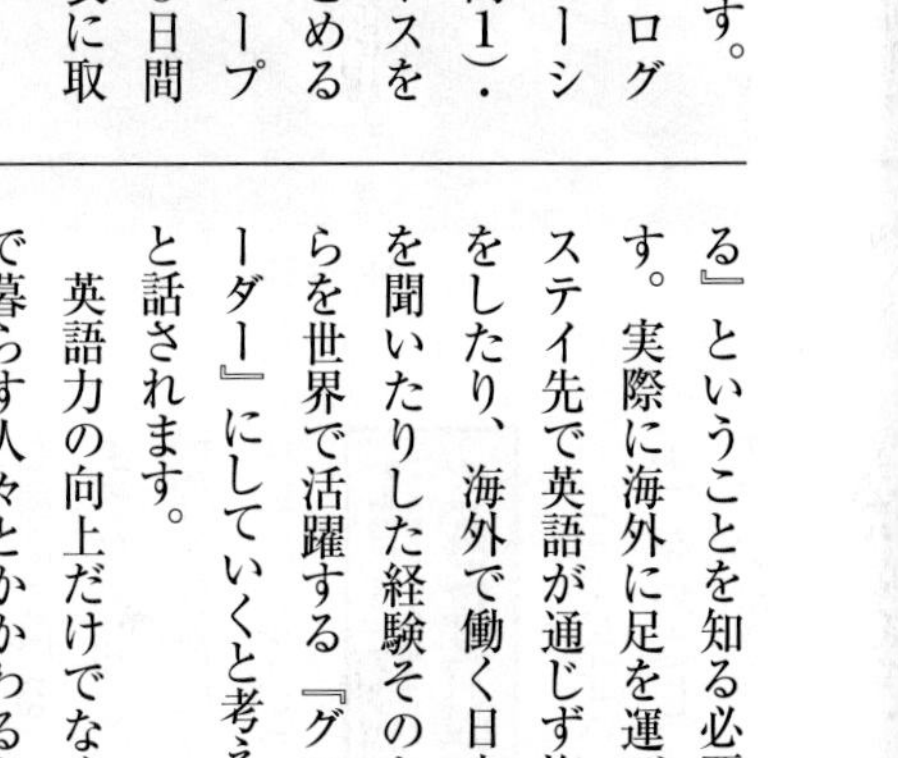

「国語表現」で図書分類について教わる生徒たち。本を使った調べ学習のノウハウを身につけます

「自立した女性の育成」をめざす

江《え》戸《ど》川《がわ》女《じょ》子《し》中学校

東京都 江戸川区 女子校　URL▶https://www.edojo.jp

江戸川女子中学・高等学校は、創立90周年を迎えた伝統ある女子校です。西洋のお城のようなエントランスに足を踏み入れると、生徒たちの明るい声が聞こえてきます。そのような環境のなか、「教養ある堅実な女性」「自立した女性」の育成をめざし伝統と革新を積み重ねています。

グローバル教育の充実

江戸川女子中学校（以下、江戸川女子）は、２０２１年度より「世界を舞台に活躍できる、真の国際人の育成」を目標に、「国際コース」をスタートしました。これまでの高校英語科や帰国子女の指導で蓄積してきたノウハウを活かし、さらなる英語力の向上と国際感覚の醸成をめざしています。

このコースでは、ネイティブ教員が副担任としてつき、日常的に英語でコミュニケーションをとりあいます。英語の授業は、中学入学時点での英語力に応じて、「Advanced Class」と「Standard Class」に分けて少人数授業を行っており、音楽と美術の授業は英語イマージョン教育を実施しています。２０２１年度入学生では、英検1級の合格者がでるなど、着実に力をつけています。

休み時間

グローバルスタディーズの授業では、日頃からグループ活動、探究、プレゼンテーションを行い、楽しく意欲的に学習に取り組んでいます。

一般コースと同様、情操教育の一環として茶道、箏曲、華道に取り組み、日本の伝統文化についての教養も身につけることができます。このような多彩な授業や研修を通じて、世界を舞台に活躍できる真の国際人を輩出していきます。

理科／実験の様子

江戸川女子のさらなる改革

「さらに上へと進化する江戸川女子」をめざし、さまざまな改革を進めています。

ＩＣＴの活用が進むなかで同校は、1人1台タブレット端末を持ちMicrosoft Teamsを活用しながら課題提出や連絡、教師・生徒間の情報共有を行っています。

また、江戸川女子では、1コマ45分授業を展開しています。45分授業と2コマ連続で行う90分授業を学習内容に応じて併用する「Hybrid Edojo教育」を導入し、短時間に集中して知識習得を図る授業と、理科の実験などじっくり考え学ぶ授業を織り交ぜながら、より深い学びへと導いていきます。

そして、今年度から、「デュアルディプロマプログラム」（希望者）を導入し、江戸川女子高等学校の卒業と同時に、アメリカの高校の卒業資格が取得できるオンラインプログラムを実施しています。

説明会日程

●**オープンキャンパス**（要予約）
9月 2日(土)13:30～17:00

●**学校説明会**（要予約）
9月 9日(土) 10月 7日(土)
11月 4日(土) 1月13日(土)
各10:00～11:30

●**入試問題説明会**（要予約）
8月12日(土)10:00～11:30
12月 2日(土)14:00～15:30

SCHOOL DATA

所在地	東京都江戸川区東小岩5-22-1
アクセス	JR総武線「小岩駅」徒歩10分、京成線「江戸川駅」徒歩15分
TEL	03-3659-1241

［タイアップ記事］

ジュクゴンザウルスに挑戦！

熟語パズル

問題は96ページ

【答え】

【問題１】（以下の通り）

【ア】私たちの学校の①校長先生は、朝礼で、学校のよいところをたくさん話しました。とくに②好調なバレーボール部の活躍を話すときは、その顔が③紅潮していました。

【①校長】学校を統括する最高責任者。【②好調】調子がいいこと。【③紅潮】頬など、顔が赤らむこと。

【イ】SLの④汽車の話題を記事にする⑤記者は、取材を終えて、きのう、⑥帰社しました。

【④汽車】蒸気を動力にして動く鉄道車両。【⑤記者】新聞・雑誌や放送などで、記事の取材・執筆、また編集に携わる人。【⑥帰社】外出先から自分の会社に戻ること。

※今回は同音異義語が多い熟語を題材としました。とくに「こうちょう」と読む熟語は、まだまだたくさんあります。どれぐらいあると思いますか？　調べてみましょう。

【問題２】６つ（７つも正解）

①牛乳（ぎゅうにゅう＝牛からしぼった乳を加熱殺菌した飲みもの、ミルク）

②乳牛（にゅうぎゅう＝乳をしぼるために家畜として飼われている牛）

③温室（おんしつ＝植物の栽培を目的とし、内部の温度を一定に保てるようにした建物や部屋）

④室温（しつおん＝部屋や屋内の温度）

⑤学力（がくりょく＝おもに学校における教科教育で習得する能力のこと）

⑥力学（りきがく＝物体間に作用する力と運動との関係を論ずる学問）

※そのほかに一般的ではないが、別解として以下の熟語も正解とする。

⑦温乳（おんにゅう＝乳児が飲みやすい温度に温めたミルク）

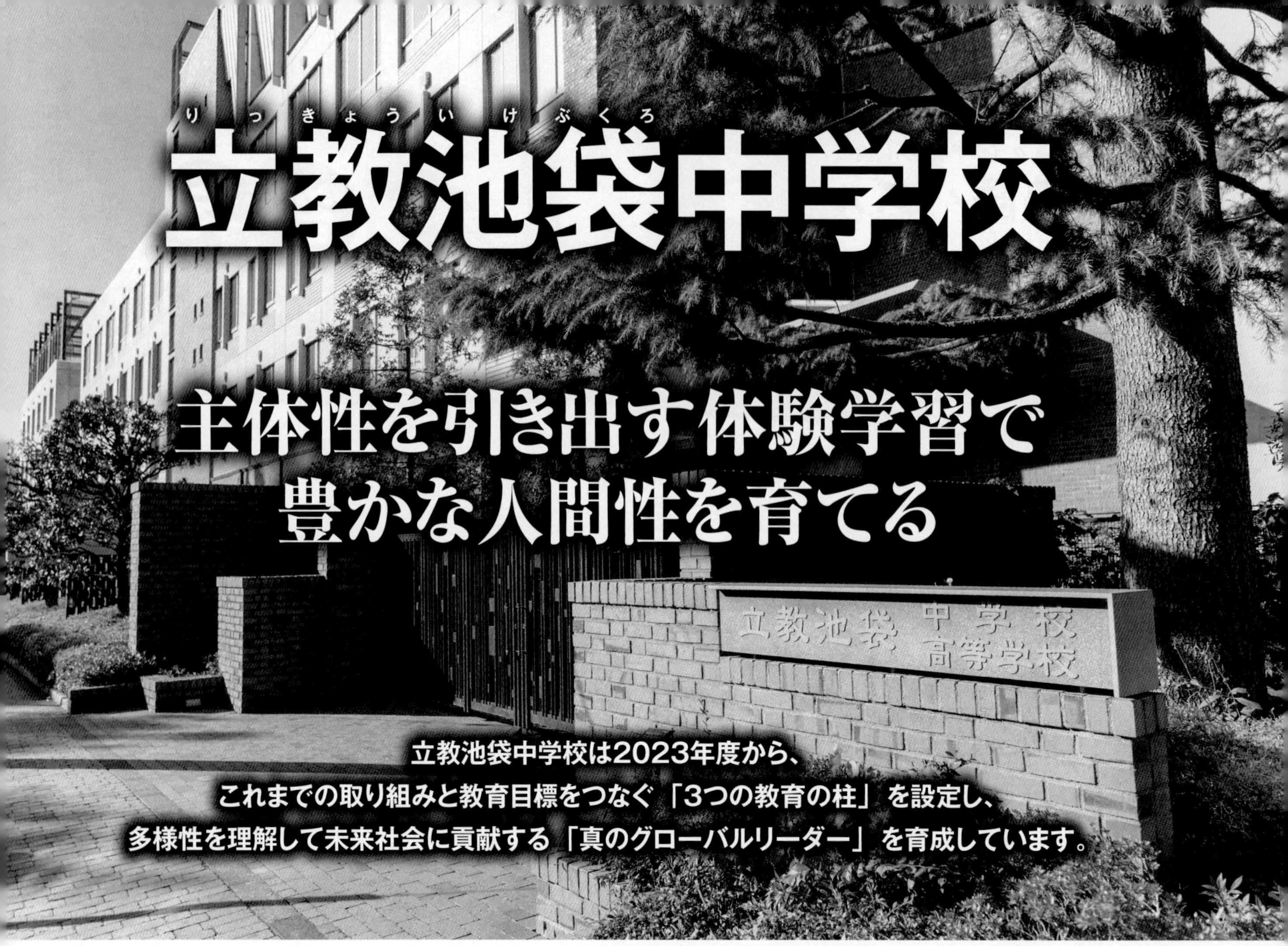

立教池袋《りっきょういけぶくろ》中学校

主体性を引き出す体験学習で豊かな人間性を育てる

立教池袋中学校は2023年度から、これまでの取り組みと教育目標をつなぐ「3つの教育の柱」を設定し、多様性を理解して未来社会に貢献する「真のグローバルリーダー」を育成しています。

教育活動を象徴する「3つの教育の柱」

立教学院の一貫校として長い歴史を持ち、毎年受験生からの高い人気を誇る立教池袋中学校（以下、立教池袋）。今年度から新たに、「リーダーシップ教育」「シチズンシップ教育」「グローバル教育」を「3つの教育の柱」として定め、「生き方にテーマのある主体的な人間」を育成しています。

広報部長の藤本勉先生は「この3つの柱は、本校の『テーマをもって真理を探究する力を育てる』『共に生きる力を育てる』という2つの教育目標と、日々の教育活動をつなぐものとして掲げられました。1つひとつが独立しているのではなく、それぞれの学びが連動し、作用しあうことで豊かな人間性を育んでいくと考えています」と説明されます。

リーダーシップ教育では、自分の強みを理解して周りの人と協調し、組織にポジティブな影響力を与える存在になることをめざします。シチズンシップ教育では他者と協働しながら社会が抱える問題の解決策を考え、それを実行する力を育み、グローバル教育では、世界全体を見通しつつ、身近な地域にも目を向けられる多角的な視点を持った人物を育てます。

学校行事を通じて協働の経験を積む

3つの柱は授業だけでなく、学校行事のなかでも意識されています。中1の新入生キャンプ、中2の清里キャンプはその一例です。友人たちと様々なアクティビティーを体験するなかで、グループをまとめる役割を果たしたり、みんなが楽しく過ごせるよう積極的にコミュニケーションを取るようにしたりと、それぞれが自分の得意を活かして活動します。

「生徒には仲間と協働する経験を積みながら、主体性も身につけてもらいたいと考えています。このキャンプを発展させる形で行うのが、中3・高2の校外学習です。中3は本州から、高2は本州以外の日本国内から行き先を選び、学習の目的はなににするのか、移動手段はどうするのか……と、自分たちで計画を練る点に特色があります。目的を明確にして本物を見て学ぶからこそ、より深い気づきを得られることもあるでしょう。またこの行事を、現地で学んだ知識を活用する方法を考えるきっか

【タイアップ記事】

けにもしてほしいですね」（藤本先生）

また、立教学院全体で取り組む「清里環境ボランティアキャンプ」でも、生徒の主体性は育まれていきます。立教小学校から立教大学までの一貫連携教育として、希望者を対象に行われる人気のプログラムです。

当日は専門家とともに、清里の清泉寮キャンプ場や自然学校周辺で、環境保護のボランティアを行います。参加者同士の交流を深める時間も設けられていて、様々な年齢の人と2泊3日をともに過ごすことで、自分と異なるものの見方や考え方を学び、その違いを理解する姿勢を養います。

さらに、学習の場を国外に移して行うアメリカキャンプ（中2～高1対象）や英国語学研修（高1・高2対象）などの国際プログラムでも、日本と海外の価値観や文化の違いに気づいたうえで、広い視野から世界の問題をとらえる力を身につけます。

多様性を深く理解し 他者へ手を差し伸べられる人に

また、「キリスト教に基づく教育」を建学の精神とする立教池袋ならではの行事といえるのが、中1で実施される「しょうがい体験」です。目が不自由な人や車いすを利用する人を講師として迎えて講演を行っていただき、実際に目隠しをして白杖《はくじょう》をついたり、車いすを体験したりして、しょうがいを持つ人が普段どのように生活しているのかを学びます。同じ立場を経験することで、日常のなかにある困難や問題点に気づき、多様性を尊重する社会を築くためには、一市民としてどんなアプローチができるのかを考えていきます。

「しょうがい体験はとくに、シチズンシップ教育を象徴する取り組みといえます。ここで感じたことを糧にして、学校前の立教通りなどで、足が不自由な方に声をかけ、お手伝いをしている生徒もいるようです。地域の方から本校の生徒に親切にしてもらったとお礼のメールをいただくこともあり、そんなときに、我々が『3つの教育の柱』で教えていることは、こうして社会のなかで実を結んでいくのだなと、かえって生徒から教えられているような気持ちになります」と目を細めて話される藤本先生。このように立教池袋は多彩な取り組みを通して、学力だけでなく、生徒の人間力も大きく成長させていきます。

最後に藤本先生は、立教池袋を志望するみなさんへ「大学受験にとらわれない環境で、多種多様な体験活動ができることが本校の魅力の1つです。入学後は主体的に学ぶ姿勢を身につけ、様々な方向に視野を広げながら、自分が将来進むべき道をじっくりと見定めていってほしいと思います。自分の強みを活かし、他者と協調しながら社会に積極的な働きかけができる人物に育ってくれることを期待しています」と、メッセージをくださいました。

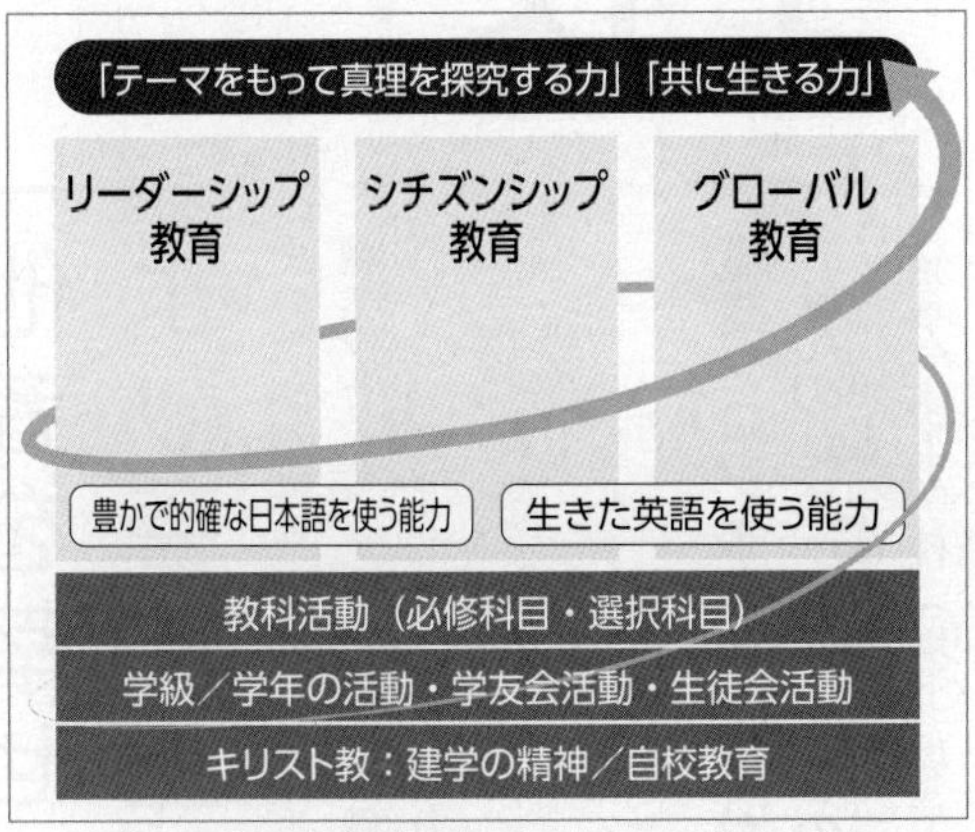

様々な学習内容が関連しあう「3つの教育の柱」

清里キャンプでの様子

車いすのサポートの仕方も学ぶ「しょうがい体験」

学校情報　【男子校】

所在地　東京都豊島区西池袋5-16-5

TEL　03-3985-2707

アクセス　地下鉄有楽町線・副都心線「要町駅」徒歩5分、JR山手線ほか「池袋駅」・西武池袋線「椎名町駅」徒歩10分

URL　https://ikebukuro.rikkyo.ac.jp/

イベント情報　※詳細はHPにてご確認ください

◆入試学校説明会
9/6 (水) 18:30～20:00
10/14 (土) 13:00～17:00
◆Rikkyo Ikebukuro Festival（文化祭）
11/2 (木)　11/3 (金)(祝)

Koka Gakuen Junior High School for Girls

晃《こう》華《か》学《がく》園《えん》中学校

「他者を幸せにするために学ぶ」を知るために「より善く生きる」をめざす「職業プロジェクト」

いまの学びが将来の自分を作ることを知り、「より善く生きる」とはなにかを考える機会となるよう実施されたのが、「職業プロジェクト」です。職業インタビューやパネルディスカッションなどを通して、生徒たちは他者理解を深め、大きく成長しました。この取り組みの様子や成果について、現中2を中1から受け持っている先生方に伺いました。

職業プロジェクトの狙いは「なんのために勉強するのか」

晃華学園中学校（以下、晃華学園）の進路指導は、生徒自身が「善く生きる」とはどういうことか考える機会とするため、その指導方針を「ライフガイダンス」と名づけており、その内容は進学指導やキャリア教育にとどまりません。その1つが中1で実施されている「職業プロジェクト」です。学年主任の下田好利子先生は、「中学受験を経て本校に入学してきた生徒たちが、改めて『なんのために勉強するのか』を考えるきっかけにしてほしい。そして、『他者を幸せにするために学ぶ』という本校の精神を理解してもらうための機会とするため、実施しているのが職業プロジェクトです」と話します。

現中2が中1だった昨年、1年間にわたって行われた同プロジェクト。1学期は、「仕事とはなにか」を考えるため、LHRで清掃員の働き方にスポットをあてたドキュメンタリー番組のDVDを視聴しました。田所順一先生が担任するA組では、「清掃や掃除という仕事にあまりポジティブな印象を持っていなかったという生徒もいましたが、清掃員という仕事に誇りを持ち、やりがいを感じながらイキイキと働く姿に、考えを改めた生徒も多くいたようです」と話し、視聴後には「これまで社会的地位が高い仕事や、収入が多い仕事にばかり気を取られていたけれど、社会で必要とされる仕事はたくさんあるということを学びました」などといった声が挙がったそうです。

仕事に対する新たな視点、気づきを得て、次に取り組んだのが「職業インタビュー」。身の回りで働く人にインタビューし、仕事のやりがいや大変なことなどを1200字でまとめるという夏休みの課題です。下田先生によると、「一番身近な保護者に話を聞く生徒が多いかと思っていましたが、保護者などに紹介してもらい、海外で働いている方など自分が興味を持った職業に就いている人にインタビューした生徒もいました。働くということはお金のためだけでなく、やりがいや人のためになるという喜びもあるということを、多くの生徒が感じたようです」。

2学期は職業インタビューで得た考察などをスライド6枚にまとめ、10月のLHRで発表しました。B組担任増田倫子先生のクラスでは、「スライド作りでわからないことがあると、グループ内で質問をしたり、教えあったりして、準備はスムーズに進みました」といい、生徒たちの成長した様子が見られたそうです。

他者理解を深めた初めてのパネルディスカッション

2学期の終わりには、校内で事務や守衛、清掃といった業務にあたっている方々にインタビュー。クラス委員が質問を考えて話を聞き、後日

先生に聞きました！ 晃華学園の魅力に迫る！

和気あいあいとした雰囲気と、明るく広々とした校舎で、日々他者と共に生きる大切さを学ぶ晃華学園の生徒たち。そんな彼女たちが持つ魅力や、学校の特徴などを先生方にお聞きしました。

写真左から、下田好利子先生、田所順一先生、増田倫子先生
鈴木寿樹先生、安川優美先生

学年主任・下田先生：「毎日、お祈りの時間があります。短い時間ですが、勉強や部活動といった自分の周りで起きていることだけでなく、世界平和など広い視点を持って、社会に目を向けられる、かけがえのない時間です。カトリックの教えから、日常的に『愛されている』といった自己肯定感を育む言葉のシャワーを浴びている生徒たちは、6年間で心も大きく成長します」

A組担任・田所先生：「晃華学園で同級生、先輩後輩、先生との良い関係が育まれるのは、ノーブレスオブリージュというカトリックの精神が、日々の生活のなかで自然と身につき、根づいているからだと思います。個々が尊重され、価値観を押しつけられることなく、自由に伸びのびと6年間を過ごすことができる。それが晃華学園の素晴らしい魅力ではないでしょうか」

体育祭

文化祭

B組担任・増田先生：「5教科以外の体育や芸術といった科目や行事にも意欲的に参加する生徒が多く、全人教育の考えが浸透していて、教員としてとても嬉しいです。私は晃華学園の卒業生。先生方から『こうしなさい』と言われるのではなく、自分たちで考え、先輩の姿から学び、行動する姿勢は今も昔と変わらない、この学校の良さだと感じています」

C組担任・鈴木先生：「晃華学園で教員をするようになってから、母校を大切にする卒業生の多さに驚きました。大学に進学したり、社会に出たりしてからも、後輩たちや学校のことを気にかけてくれる卒業生がたくさんいます。それだけ晃華学園での6年間が、実りある充実したものであり、だからこそ卒業してからも帰ってきたい場所なのだろうと思います」

D組担任・安川先生：「私は英語を教えていて、授業では音読などでペアワークを多く取り入れています。晃華学園の生徒は素直で、まっすぐ。授業をしていて、とてもやりがいを感じますし、真摯に取り組むからこそ英語力が身についていく。クラスメイトの一生懸命な姿に刺激を受けて、互いに高めあう環境ができていることも、晃華学園の魅力だと思っています」

そのお礼として、クリスマスカードを作って渡しました。「入学してからなかなか話す機会がなかったり、どんなことをしているのかわからなかったりした方々のことを知る機会となり、インタビュー後には日々のあいさつなどコミュニケーションが生まれ、校内の雰囲気も明るく変化したように思います」（下田先生）

そして1年間の集大成として3学期に実施されたのが、パネルディスカッション。「職業選択するにあたり重視すること」を、「収入」「やりがい」「ゆとり」「社会貢献」の4チームに分かれ、パネラーを立てて意見交換を行いました。C組担任の鈴木寿樹先生は、クラスでの準備の様子を見ながら「中学では初めてのディスカッションで、最初はぎこちなさもありましたが、活発に発言する生徒に刺激されて、みんなが自分の意見を言えるようになりました。他者理解を深める上で、自分の考えとは違う意見を持っている人がいるということを知る、良い機会になったのではないか」と感じたと話します。

安川優美先生が担任するD組では、最初は「収入」が大事だと主張する生徒が多かったそう。「しかし、それぞれの立場で意見を交わすことで、徐々に考えが変わっていく生徒もいました。異なる意見を持っているからと言って敵ではなく、相手の意見にも耳を傾け、お互いの意志を尊重する大切さを身につけてくれたのではないか」と安川先生。

1年間の職業プロジェクトを終え、他者理解を深めた晃華学園の生徒たち。自らの視野を大きく広げ、「善く生きる」をめざして、これからもさまざまな活動にチャレンジしていきます。

【タイアップ記事】

日々の学びで培った力が高大連携でも花開く

三《み》輪《わ》田《だ》学《がく》園《えん》中学校

〈女子校〉

独自の英語教育や探究活動を展開する三輪田学園中学校。2015年に近隣にある法政大学と高大連携協定を締結し、様々な連携を行ってきました。これまでの生徒の取り組みが評価を受け、今年から連携が強化されています。

㊤三輪田学園生のためだけの講義が行われる連携講座をはじめ、㊧法政大の設備を使って高度な実験に取り組む理科実験教室などもあり、魅力的な高大連携が実施されています。

様々な分野に触れ幅広い知識と視野を獲得

「学校の自慢は生徒」。これは三輪田学園中学校（以下、三輪田学園）の校長先生をはじめとする教員たちが抱いている思いです。同校は生徒と丁寧に向きあう指導が魅力で、生徒それぞれが描く未来に向け「今何をすべきか」をともに考えます。

進みたい道を見つける1つの機会となるのが、法政大学（以下、法政大）との高大連携です。留学生と交流したり、大学生や企業の方と課題解決にチャレンジしたりと、多彩なプログラムがあります。

今年は連携がさらに強化されており、その経緯を進路指導部長の藤田純平先生にうかがうと「法政大からの申し出により実現しました。これまでの生徒の姿を評価してくださったのだと嬉しく思います。生徒は大学の先生や学生と触れあうことで、視野を広げ、大学受験へのモチベーションを高めています」と話されます。

新たに始まったのは高大連携講座（以下、連携講座）と法政大学データサイエンス聴講制度（以下、聴講制度）で、高3の希望者が対象です。

連携講座は全12回。初回のオリエンテーションと、まとめの最終回は三輪田学園の教員、それ以外は法政大各学部の教員が交代で講義を担当します。内容はどれも最先端の研究ばかり。今年度は外国人教員がアニメとジェンダーをテーマに英語で行う回もあり、生徒も英語で質問するなど積極的に取り組んでいます。

聴講制度はオンデマンド方式です。大学生と同じ内容の講義を受けるため背伸びをすることになりますが果敢に挑戦している生徒もいます。

なお法政大への推薦進学は、指定校推薦から協定校推薦に変更され、15学部各2名、最大で30名が推薦されることに。三輪田学園のための推薦基準があることから、三輪田学園生の入学を強く望む法政大の思いを感じます。協定校推薦を希望する生徒は連携講座の受講が必須ですが、法政大以外を志望する生徒も、すべてのプログラムに参加できます。

「文理を問わず多くの分野の知識を獲得でき、さらに様々な学びに触れるなかで、最適な進路を見つけられる、そんな高大連携を行っています。本校では、生徒が望む進路をかなえられるよう、しっかりとサポートしていきます。小学生のみなさん、三輪田学園で将来に向けて飛躍しませんか」と藤田先生が話されるように、生徒の思いを尊重しながら、きめ細かな指導を実践する三輪田学園です。

School Data

所在地　東京都千代田区九段北3-3-15
TEL　03-3263-7801
URL　https://www.miwada.ac.jp/
アクセス　JR中央・総武線ほか「市ヶ谷駅」徒歩7分、JR中央・総武線ほか「飯田橋駅」徒歩8分

◆学校説明会　要予約
9月18日(月祝)
9：30～10：15、13：00～13：45
（オープンスクール同日開催）
11月4日(土)　13：30～14：40

◆三輪田祭(文化祭)　要予約
9月30日(土)　9：00～17：00
10月1日(日)　9：00～16：00

◆入試説明会　要予約
10月14日(土)　11月25日(土)
両日とも10：00～11：30

◆入試問題にチャレンジ　要予約
10月28日(土)　13：30～15：15

※情勢により変更の可能性があります。事前にHPでご確認ください。

＼英語教育／

生徒の英語力を確実に伸ばす 3つのグレード別授業

レベルに合わせた指導で個々の強みを伸ばす「グレード別英語授業」を実施する三輪田学園。入試時の英検取得級によって「英検準２級以上取得者」を対象とした「オナーズクラス」、「英検３級取得者、および、４級〈CSEスコア1000点以上〉取得者」向けの「アドバンストクラス」、前２クラスに該当しない生徒が基礎から学ぶ「スタンダードクラス」の３つに分かれます。

ネイティブ教員がかかわる授業時間数や使用する教科書などは異なりますが、いずれのクラスも英語の授業は週５時間です。そしてどのクラスでも意識しているのは、書く力を高めること。英検取得に向け一定数の単語を習得している生徒であっても、いざ書くとスペルミスをしてしまうことが多いといいます。そのため定期的に小テストを行うことで書く力を強化しています。習熟度に合わせてクラスを編成し、生徒の様子を丁寧に見守る授業は、１人ひとりを大切にする三輪田学園らしい教育といえるでしょう。

前述の通り３つのクラスに分かれますが、より高い級を取得していくことで進級時にクラスを変更することも可能です。スタンダードからアドバンストへ、そしてオナーズへとクラスを上がるための指導が展開されており、実際に現中３をみてみると、入学当初13人だったアドバンストクラスに、現在は37人が所属しています。

また、クラスの枠を取り払ったイングリッシュキャンプやディベート大会なども行い、生徒同士の教えあい、学びあいも促しています。切磋琢磨することで、三輪田学園生の英語力は今後さらに向上していくでしょう。

休み時間や放課後にネイティブ教員と交流できるイングリッシュラウンジもあります

＼探究活動／

興味関心を深めながら 表現力や主体性を身につける

近年新たに始まった取り組みとして、中２、中３で実施される、探究ゼミ「MIWADA-HUB」もあげられます。どちらも教科ごとに設定された９講座のなかから、前期・後期で１つずつ選択し、探究活動を行います。

その一部をお伝えすると、身近なことを手がかりに社会に目を向け、ニュース番組を作る「社会」、「※エシカル」をテーマにフィールドワークを重ねながら、人や環境に優しい生活をするためにはどうすべきかを考える「家庭科」、LEGOやブロックなどを制御し、プログラミングを学ぶ「情報」などがあります。講座の内容は、毎年、教員と生徒がともに作り上げていくため、すべてオリジナルです。

「MIWADA-HUB」の「家庭科」では、教室を飛び出して街でインタビューを実施

探究を進めていくなかで、自らの考えを表現する力や協働する力、課題発見力、創造力といった様々な力が磨かれ、主体性も養われていきます。

そうした力をさらに伸ばすべく、昨年度から高校で探究「MIWADA-LAB」も始まりました。自らテーマを設定し、教科の枠にとどまらない、より発展的な探究活動に挑戦することが可能です。探究の成果は、校内だけでなく外部のコンテストでも積極的に発信していきます。

中２から高３までの５年間の探究活動は、生徒の知的好奇心を刺激するとともに、自らの興味を深めながら大学やその先を考えるキャリア教育の側面も持っています。

生徒それぞれの個性を見出し、伸ばす教育を展開する三輪田学園。新しく始まった取り組みによって生徒の未来への可能性が大きく広がっています。

※多くの人が正しいと考える、人間が本来持つ良心から発生する社会的規範

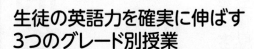

桐《とう》蔭《いん》学《がく》園《えん》中等教育学校

5年目を迎える共学中等教育学校 ～6年間のロードマップ～

5年前に男女共学となり、新たなスタートを切った桐蔭学園中等教育学校。生徒が主体的に、自らの足で目標に向かって歩みを進められるように作られた「6年間のロードマップ」に基づき、これからの社会を生き抜くための資質・能力を養う教育活動が実践されています。

「傾聴と承認」で互いを認め共に学びあう仲間となる

桐蔭学園中等教育学校（以下、桐蔭学園）は、男女共学の新たな進学校として生まれ変わり5年目を迎えています。今回は、学び支援主任の一蝶亮先生に、桐蔭学園の6年間のロードマップについてお話を伺いました。

「本校が育てたいのは、『社会的に生きる主体として自ら考え判断し行動できる資質・能力』です。単に難関大学をめざし、大学受験を突破してほしいということだけでなく、生徒たちが将来、自分の足で歩き、生きていける力を育てることを念頭に、6年間のロードマップを作成しました」と一蝶先生は話されます。

桐蔭学園では、6年間を2年ずつ3期に分け、2年ごとのホームルーム替えを行っています。1・2年生はゆっくりと基礎力を養成する時期です。例えば、朝のホームルームで毎日1人ずつ「1分間スピーチ」を実施しています。相手の話にしっかり耳を傾け、聴いたあとは相手に拍手を送る「傾聴と承認」を実践。次第に生徒たちは互いを認めあい、学校全体がともに学びあう仲間だと感じられるようになっていきます。

ホール壇上で話す髙橋さん（左）

3・4年生は広い視野をもち、多角的な視点を身につける展開期です。3年次の探究の授業では「15歳のグローバルチャレンジ」として、模擬国連の活動を導入。世界が抱える諸問題の解決に全員で挑戦し、視野を世界へと広げていきます。

4年次には「16歳のサイエンスチャレンジ」という、情報の整理・分析に特化したデータサイエンス演習に取り組みます。そこで得た深い学びを自分の将来を考えるきっかけにして、文系・理系別授業が始まる5年生からは本格的に大学受験に向かっていくという流れになっています。

「男女別学から共学の中等教育学校に変わって5年目になりましたが、

一蝶《いっちょう》 亮先生

1分間スピーチにしても、探究の授業にしても、最初の頃は『先生に言われたからやっている』という生徒たちも、4年生になる頃には、その積み重ねが自分たちの力になり、成長していることに気づき始めます」と一蝶先生。

また、「それに気づく頃には、社会に出て生きていくための土台となる力が自然と身についていますから、あとはそれぞれの個性に応じた自律的な受験学習を、我々教員はサポートするだけです。もちろんそれまでの過程でつまずいたりすることなく自己肯定感を育めるように、どの教員も生徒とコミュニケーションをとり、信頼関係を築くように配慮しています。

私も生徒たちとよく話をしますし、教員と生徒の距離が近いのも、本校の特長かもしれませんね。生徒たちの声に耳を傾け、どんな声も受け止めてくれる他者がいるという環境づくりを大切にしています」と嬉しそうに一蝶先生は話されます。

男女共学の中等教育学校としての5年目もなかばを迎え、集大成へのチャレンジを進める桐蔭学園です。

学校生活で得たものは？　5年生に聞きました！

共学化後の“1期生”である5年生のお2人に、
これまでの学校生活を振り返って＆今後の目標についてお話を伺いました。

大学訪問をきっかけに進路について具体的に考えられるように

高橋《たかはし》 瑞喜《みずき》さん

4年生の夏休みのアカデミックキャンプで大学訪問の機会があり、自分の将来についてより深く考えるきっかけになりました。それまで「大学ってこんなところかな」と、なんとなくイメージはあったのですが、実際に大学での学びに触れたことで、自ら大学について調べ、行きたい学部について考えるようになりました。将来は医学部進学を視野に入れて、勉強と部活動の両立を頑張っています。私以上に勉強や部活動を頑張っている同級生も多く、皆から刺激を受けて充実した学校生活を過ごしています。

1分間スピーチで苦手を克服。自分自身の成長を感じています

阪《さか》 英治《えいじ》さん

5年生になって、1年生からの探究の授業や1分間スピーチを通して、自分自身の成長を感じる機会が増えてきました。入学した頃は人前で話すのは得意ではありませんでしたが、繰り返し行っているうちに、どんどん抵抗感がなくなって自信が持てるようになりました。探究の授業で学んでいる情報収集や情報整理の仕方、論文のまとめ方などは、将来必ず役に立つだろうと思います。11月に集大成となる発表会があり、今はその準備の真っ最中。大変ですが、その分大きなやりがいを感じています。

●学校説明会
10月7日(土) 14:30 ～　※対象学年なし
※事前のWeb予約制です

●鷲鳳祭(学園祭)
9月23日(土・祝)・9月24日(日)

●入試体験会
12月16日(土) 9:30 ～　※6年生対象
※事前のWeb予約制です

School Information

所在地：神奈川県横浜市青葉区鉄町1614　アクセス：東急田園都市線「青葉台駅」「あざみ野駅」「市が尾駅」、小田急線「柿生駅」「新百合ヶ丘駅」バス10～20分　TEL：045-971-1411　URL：https://toin.ac.jp/

国際バカロレア教育認定校として「夢」を実現する3つのコース

「平和で豊かな国際社会の実現に貢献するリーダーの育成」を教育理念に掲げ、２０１５年に開校した開智日本橋学園中学校。今春３期生が、海外大学も含めてそれぞれのめざす道へ巣立っていきました。東京都23区にある私立校で初めて、国際バカロレアの国際中等教育プログラム（ＭＹＰ）、ディプロマプログラム（ＤＰ）認定校となり、開智学園で長く培われた創造型・探究型・発信型の教育を取り入れ、生徒の能動的な学びを深めた21世紀型教育を行っています。

「生徒が決める」主体的な学校生活

「平和で豊かな国際社会の実現に貢献するリーダーの育成」が開智日本橋学園の教育理念です。多様性に富む社会に羽ばたくためには、既存の技術をただ活用する能力ではなく、新しい技術を自ら創造・開発していく発想力や行動力が必要不可欠です。生徒は日頃の授業、学校行事などを通じて、他者の指示を待つだけではない、主体的かつ能動的な行動力と「国際社会」が求める創造力、探究力、発信力を培います。

生徒には学校生活のすべてで「自分の意志でチャレンジすること」を常に意識してもらっています。例えば、入学式の数日後に行われる「ＴＢＣ（Team・Building・Camp）」では、3日間、中学2年生が新入生と共に校外で過ごします。この時の日程、班構成などはすべて実行委員を務める生徒が運営します。右も左もわからない新入生の手をひいて、「先輩」として学校生活とはどのようなものか、「探究」とはなにかを生徒が生徒へ伝えていきます。他者と協働して物事に取り組む喜びや難しさ、教訓を数多く味わい、積み重ねることで、大きな社会へ羽ばたく人間に育ってもらえることを、開智日本橋学園は願っています。

「机に向かうだけではない」主体的に学ぶ探究型の授業

開智日本橋学園は、文献や電子機器から情報を取得してまとめるのではなく、本物の「智」として身につけ、他者に自ら発信したり行動した

2023年度　開智日本橋学園中学校入試イベント

■授業体験会

9月18日（月・祝）10:00／14:00

■帰国生対象説明会〈6年生限定〉

10月14日（土）10:00

■出題傾向説明会

12月 2日（土）10:00

■学校説明会

10月28日（土）10:30／12:30

11月11日（土）10:30／12:30

12月 9日（土）10:30／12:30

1月13日（土）10:30／12:30

※開催日の1か月前から、HPで受付を開始します。

りできる力を持った人材の育成をめざします。授業では教師から「疑問」が投げかけられます。生徒はその「疑問」を様々な角度から考え、仲間と調べ、議論し、解決していきます。生徒が見つけ出した答えと、その過程こそが真の「智」であり、生徒自らが学ぶ姿勢とともに高められる大きな力です。教えてもらう時を待つのではなく、自ら批判的に物事を考えて課題を発見したり、仲間をはじめとする多くの人とコミュニケーションを取ったりすることが「探究型の授業」最大の特徴です。自ら行動し、学ぶ授業であるため、生徒の学習意欲はとても高まります。

英語「で」学ぶ 使える英語教育

開智日本橋学園には10名を超えるネイティブスピーカーが在籍しています。全員、フルタイム勤務の教諭です。教科は社会、美術など様々な科目を担当しながら、毎日、生徒と英語でコミュニケーションを取ります。

また、バイリンガルの教諭たちとともに、日々全校生徒に「使える」英語教育を実践しています。授業外の昼休みにお弁当を抱えた生徒に「What do you have for lunch?」、放課後部活動でストレッチに励む生徒に「When will you play the next time?」等々、いたるところで英語で話しかけます。中には担任を務める教諭もいて、教室で「Let's clean the classroom!」と声をあげて生徒と掃除をする姿も見られます。

生徒も最初こそはたどたどしい受け答えしかできませんが、少しずつ「英語を話してみよう」という気持ちを起こし、英語を駆使してコミュニケーションを取り始めます。英語を使うことへ気を張ることがなくなり、英語を使ってプレゼンテーションをしたり、プロジェクト学習をしたり積極的に英語を使うようになります。

開智日本橋学園の英語教育は、英語を学ぶことがゴールなのではなく、英語を使って学ぶことなのです。

「夢への道を決めて入学する」出願時に決める3コース

1年生から4年生までの4年間は、3つのコースで学んでいきます。

グローバル・リーディングコース（GLC）は世界各国からの帰国子女や英語力が特に優れた生徒が集まり、海外トップレベルの大学をめざします。デュアルランゲージコース（DLC）は基礎から英語を学び始める生徒が、国内および海外の大学をめざします。

リーディングコース（LC）は大学進学をめざし、しっかりとした知識と学力を定着させるため、先取り型の学びを行っています。すべてのコースは、国際バカロレアの教育理念のもと、国際中等教育プログラムを実践しています。

3つのコースは学力的な「上下」で設定されているのではありません。自分の「夢」をめざす進み方で分かれている3つの道です。どのコースを受験するかは、出願の際に選択することができます。

すべての授業が探究型、協働型の学びを掲げており、すべてのコースで「英語で学ぶ」姿勢を持った英語教育を展開しています。

開智日本橋学園中学校
〈共学校〉
〒103-8384 東京都中央区日本橋馬喰町2－7－6
TEL　03-3662-2507
https://www.kng.ed.jp
〈アクセス〉
JR総武線・都営浅草線「浅草橋駅」徒歩3分
JR総武線快速「馬喰町駅」徒歩5分
都営新宿線「馬喰横山駅」徒歩7分

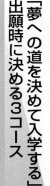

Ohyu Gakuen
泣こう、笑おう、
輝こう。
2023年度 公開行事 【インターネット予約制】
イベントの日程は変更になる場合がございます。最新情報をHPでご確認ください。
●学校説明会 ※ 定員380名（2名まで予約可能） ★印はLIVE配信あり（1000名）
※ 説明会終了後、授業見学ができます。
9月 6日（水）★6年生対象 9月 8日（金）全学年対象
10月21日（土）6年生対象・★全学年対象
11月14日（火）全学年対象
●かもめ祭（学園祭） 9月16日（土）、9月17日（日）
●入試対策講座（WEB） 12月 6日（水）6年生対象
●受験会場見学会 12月10日（日）6年生対象
●授業・部活動見学会
授業・部活動の見学ができます。実施日などの詳細は、本校HPでご確認ください。
鷗友学園女子中学高等学校
〒156-8551 東京都世田谷区宮坂1-5-30
TEL03-3420-0136 FAX03-3420-8782
https://www.ohyu.jp/

高みを目指す君へ――――入試に向けた得点力を伸ばす!

早稲アカの個別指導

すき間時間を使って、
効率的に勉強に取り組みたい!

苦手科目や不得意分野だけ、
フォローアップしてほしい!

早稲田アカデミー個別進学館がお応えします!

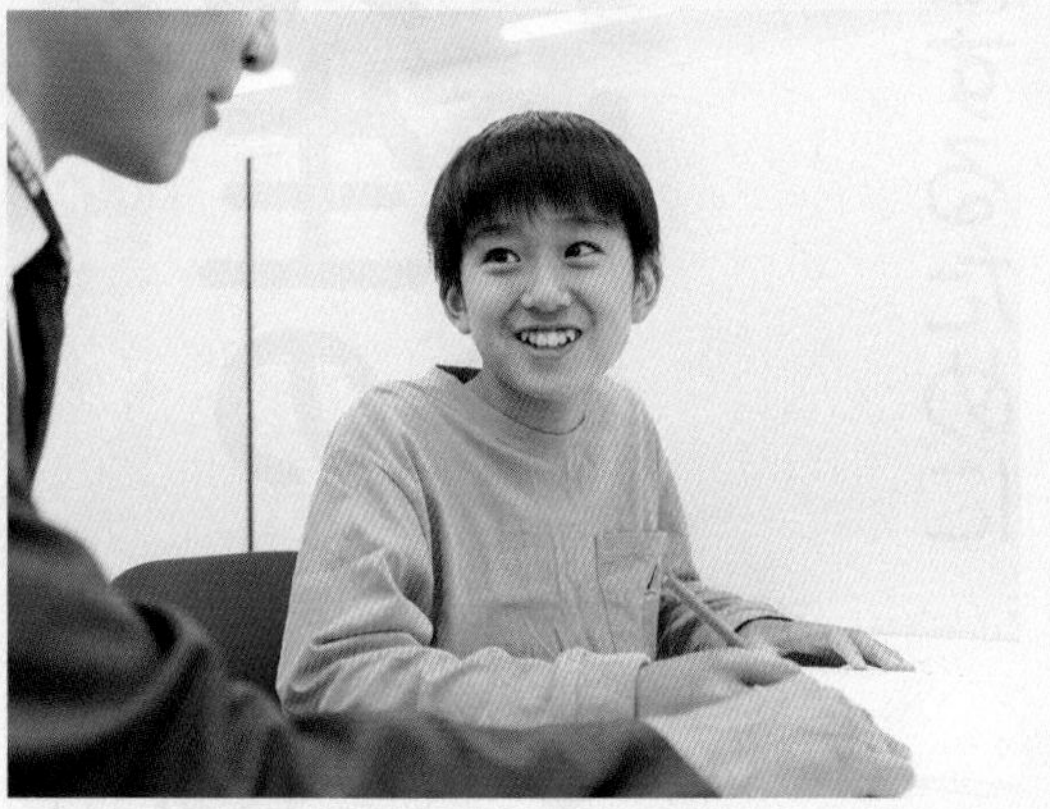

「早稲アカ併用コース」

早稲田アカデミー集団校舎と連携を取った指導が、早稲田アカデミー個別進学館の最大のメリット。授業の様子やテストの結果などを集団校舎の講師と定期的に共有することで、お子様の目標や現在の課題に合わせた最適プランをご提供します。早稲田アカデミーの指導ノウハウを最大限に生かした指導が、お子様の学力を大きく伸ばします。

- 選べる曜日・時間帯
- 難関中学受験指導に対応
- オーダーメイドカリキュラム
- 選べる指導「1:2」「1:1」

早稲田アカデミー個別進学館に通った生徒の成績向上例

2022年度 四谷大塚組分けテスト 偏差値推移	2022年度 四谷大塚組分けテスト 偏差値推移	2022年度 四谷大塚合不合判定テスト 偏差値推移	2022年度 四谷大塚合不合判定テスト 偏差値推移
小4 算数	小5 算数	小6 算数	小6 国語
9月 46.9	9月 42.6	9月 46.2	9月 45.5
10月 51.7	11月 55.6	11月 51.9	10月 54.1
1月 56.1	1月 60.3	12月 56.7	12月 60.4
UP	UP	UP	UP

ご入塾までの流れ

1. お問い合わせ（電話またはWeb）
2. 学習相談（要予約）
3. 学習プランのご提案

初回授業スタート!

誰もが抱える悩みをパパッと解決！

福田貴一先生の福が来るアドバイス

早稲田アカデミー
教育事業本部副本部長
福田　貴一

「夏休み」は小学生にとって一年で最も楽しい期間の一つでしょう。夏の日差しや明るさは子どもたちの気持ちを高揚させるものですし、普段とは違う楽しいイベントを経験したお子様も多くいらっしゃるはずです。そんな季節が終わって、いよいよ二学期のスタート。お子様方のご様子はいかがでしょうか。今回は、充実した二学期を過ごすためのポイントについて書かせていただきます。

充実した「勉強の秋」にするために

夏期講習会で「頑張ったから」「頑張ったのに」

　楽しかった夏が終わると、少し寂しいような切ないような気持になってしまう……というご経験はないでしょうか。お子様にとってもそれは同様で、夏休みが充実したものであればあるほど、それが終わってしまったとき、心にポカンと穴が開いたような気持ちになりやすいものです。なるべく早く気持ちを切り替えるためにも、夏休みをきちんと振り返り、次の目標に向けて一歩を踏み出せるようにしたいものです。

　実は、9月になると、生徒たちの学習に対するモチベーションが低下してしまう傾向があります。その理由は、「夏が終わってしまった切なさ」だけではありません。夏期講習会で一生懸命頑張った分、その疲れが出てしまうこともあるでしょう。なかには「夏に頑張ったから、ちょっと休んでもいいかな」という気持ちが生まれてしまう生徒もいます。

　また、夏休みの終わりごろには、各塾で大きなテストが行われます。そのテストで思うような結果が出なかった場合には、「あんなに頑張ったのに……」と落ち込んでしまうこともあるでしょう。「夏の成果を試すテスト」となると、お子様だけでなく保護者の皆様も結果が気になるところだと思います。頑張るお子様を間近で見ていらっしゃったのですから、「きっと成績も上がってくるだろう」と期待される方も多いと思います。しかし、夏の学習の成果が「夏の終わりのテスト」で数字として表れるとは限りません。テストの成績は当日のテスト問題によって変わるものですし、偏差値は相対評価（他者との比較によってつけられる評価）ですから、同じように夏に頑張った生徒同士が受験する場合、大きな変化は生まれにくいものなのです。むしろ、偏差値が大きく下がらなかったなら、学力は着実に伸びているとお考えいただいてよいでしょう。

　結果が数字に表れないと不安になったり、努力をしていたお子様がかわいそうに思えたりするかもしれません。しかし、頑張った成果は必ずお子様のなかに蓄積されています。お子様自身が焦ってしまうことのないよう、声を掛けていただければと思います。

充実した二学期にするために

　私は、毎年9月の初回授業で「二学期からの学習について」という話をしています。そのときによく取り上げるのが、「○○の秋」という話です。ホワイトボードに「○○の秋」と書き、○に何が入るのかを聞いてみます。多くの場合、「食欲」「読書」「スポーツ」「芸術」などの答えが続いた後で、「勉強」という言葉が出てきます。それらの答えを全て聞いた後で、私は『勉強』はもちろんだけど、『全て』に一生懸命に取り組む秋にしていこう」と伝えています。気候的にも過ごしやすい時期なので、いろいろなことに全力で取り組み、充実した二学期にしていこう、というような内容です。

　進学塾のカリキュラムでは、二学期になるとどの学年でも、学習スピードや難度が一学期と比較して一段階上がります。家庭学習においても、一般的に一学期より長い時間が求められるようになるでしょう。単に「宿題量」が増えるのではなく、考える時間が必要な問題が増えていくはずです。充実した秋を過ごすためには、ダラダラと机の前に座っているのではなく、集中して宿題を進めるような学習に切り替えること、言い換えれば「家庭での学習密度を高めること」が必要になってくるのです。

二学期は「学習効率」を意識する

　小6受験生は、夏期講習会でこれまで学習してきた単元の総まとめを行いました。二学期は、いよいよ志望校の入試問題で「合格点」を取るための学習に取り組んでいきます。入試過去問演習も始まり、制限時間内で合格点を取るトレーニングが大切な時期となるわけです。

　この時期に、私が小6生に伝えている学習のポイントは、「学習効率を高める」という一言に尽きます。端的に言ってしまえば、「同じ時間で学習できる『量』を増やす」ということです。受験までの日数、つまり学習できる時間数が同じでも、その時間のなかで取り組める「学習量」に差をつけることができれば、合格に近付けるはずです。

　とはいえ、小6の秋になってから「時間単位の学習効率を高める」ことを意識し始めても、なかなかうまくいかないものです。もちろん、小6の夏休みで「受験生としての意識」を高めておくことで、秋からの学習に対する取り組み方を変えることはできますが、より高いレベルで「効率のよい学習」を行うためには、小5までの間に「集中して学習に取り組む経験」を積んでおくことが大切になります。

　小5までの非受験学年であれば、与えられる課題は受験生と比べるとそれほど多くはありません。しかし、終わるまでにかなりの時間がかかっているお子様も多いのではないでしょうか。なかには、机の前にボーっと座っているだけで実際には手も頭も動いていない……といったケースもあるかもしれません。非受験学年の保護者の皆様には、まずお子様の様子をしっかりと見ていただき、「座っているだけ」の長時間学習になっていないかチェックしていただきたいと思います。そして、「学習時間の長さ」よりも「学習効率」を意識して、なるべく「効率の良い」学習スタイルに切り替えていっていただければと思います。

“ナニ”かの一部？

昔の“ナニ”か？

“ナニ”かの材料？

これ、ナンだ!?

毎日ながめている風景や身近な食べ物、少し前まで当たり前のように使っていたもの。
身の回りには、まだ知らないことがたくさん隠れているはず。
「これはどうやって使うの？」「これ、ナニでできているんだろう？」……
知れば知るほど、世の中は面白い！
さあ、一緒に考えてみましょう。「これ、ナンだ!?」

ヒント 1

身近なある場所で、あるものに**印を付けるため**に使われていたよ。

ヒント 2

使えるのは**その場所で働いている人だけ！**みんなは使えないよ。

ヒント 3

今は**自動**に変わっているよ。でも、見えないところで活躍しているんだって！

正解は…

改札鋏《かいさつきょう（かいさつばさみ）》

改札鋏は、鉄道駅の改札で、切符（乗車券）が使用開始されたことを示す印（切り込み）を入れるはさみです。約 30年前ごろまでは、改札一つひとつに職員の人が立っていて、乗客が差し出す切符に切り込みを入れていました。改札鋏を使うのは、駅に入場するときだけ。長距離を移動する電車のなかでは、改札鋏とは違う道具を使って乗客が正しい区間の切符を持っているかチェックしていました。

「改札の風景」（メトロ アーカイブ アルバムより）

はさみで切り取る形は駅によって違うよ。

\もっと深掘り！/

改札鋏のこと、切符のこと

その歴史は明治時代から！

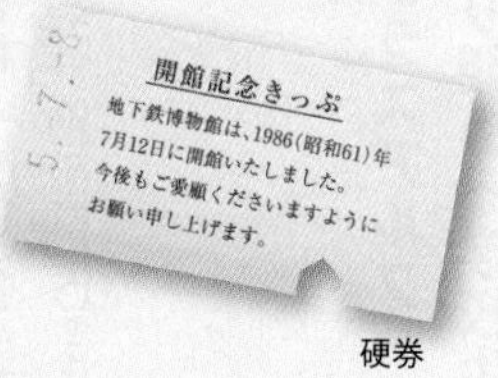

開館記念きっぷ
地下鉄博物館は、1986(昭和61)年7月12日に開館いたしました。
今後もご愛顧くださいますように
お願い申し上げます。

硬券

明治5（1872）年、「新橋駅（現在の汐留駅）-横浜駅（現在の桜木町駅）」間に日本で初めて鉄道が開業しました。そのころの日本では国内で切符をつくることができなかったため、印刷機械や切符用の紙、そして改札鋏まで全てイギリスから輸入していました。その後、切符の種類やサイズは増えていきましたが、このときの切符の大きさは世界共通サイズとして今でも一部の切符で使われています。

切符の変化との関係

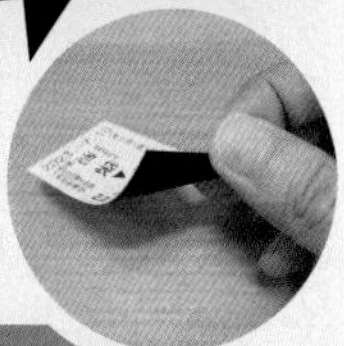

現在の磁気入り軟券

自動券売機用ロール紙

最初の切符は厚紙でつくられた「硬券《こうけん》」と呼ばれるもので、1枚ずつ印刷していました。しかし、大量に発券できる自動券売機を導入するにあたり、ロール紙の「軟券《なんけん》」に変わっていきました。さらに自動改札機に対応するため、磁気の記録面が付いた裏が黒い切符になりました。切り込みを入れると記録が読み取れなくなってしまうため、改札鋏が使われることはなくなっていったのです。ただし、東京メトロでは「遅延証明書」に印をつけるため、現在も改札鋏を使っているそうです。

日本初の自動改札は地下鉄だった！

日本で地下鉄が初めて開通したのが昭和2（1927）年、「上野～浅草間(現在の東京メトロ銀座線の一部)」でした。このときの改札は、なんと無人。10銭《せん》硬貨を入れ、木製のレバーを回して入場する『日本初の自動改札システム』でした。しかし、路線が伸びるにしたがって区間ごとに料金を変える必要があったため、切符を使った有人改札へと変わりました。

日本初の自動改札

\教えてくださったのは……/

公益財団法人
メトロ文化財団
地下鉄博物館
業務課長
大久保《おおくぼ》 光一《こういち》さん

東京で使われている改札鋏は全国版のものと違い、多くの人をさばくために持ち手の先端同士がぶつかった反動ですぐ刃が開く仕様になっています。先端がぶつかると「カチカチ」と心地よい音がします。リズミカルな音を出せるまで練習することに、“鉄道マン”として喜びを感じていました。

取材協力

公益財団法人 メトロ文化財団　地下鉄博物館

https://www.chikahaku.jp/

地下鉄博物館（ちかはく）は、地下鉄の歴史から最新技術まで『みて・ふれて・動かして』学習できる参加型ミュージアムです。

〒134-0084 東京都江戸川区東葛西 6-3-1　TEL 03-3878-5011

- ●開館時間／10:00～17:00（入館は 16:30 まで）
- ●休館日／毎週月曜日（祝日・振替休日の場合は翌日）、12/30～1/3
- ●入館料／大人 220 円、こども（満4歳以上中学生まで）100円

※詳細は Web ページをご確認ください。

10月14日(土)・15日(日)実施の「鉄道の日」記念イベントで、改札鋏を使った「入鋏実演」を実施。硬券をもらうことができます！

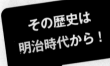

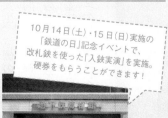

帰国生受入れ校
訪問記

帰国生を積極的に受け入れている学校の魅力に迫ります。

海城中学校

東京都／私立／男子校

1891（明治24）年に創立され、未来を担う「新しい紳士」を育成している海城中学校。生徒たちは充実した学習環境の中で高い知性と豊かな情操を育みます。創立130周年にあたる2021（令和3）年には、理科教育の拠点となるScience Centerが竣工しました。今回は、グローバル教育部部長の岡崎行則先生にお話を伺いました。

Science Centerと２号館

「プラスアルファ」に取り組める学校生活

本校では、様々なバックグラウンドを持った生徒が互いに刺激を受け、成長できる環境を創出することを目的に帰国生を受け入れています。

帰国生は1クラスに3～4人在籍し、それぞれのクラスに溶け込んで学校生活を送っています。

中学1・2年生の英語の授業では、週2時間の取り出し授業を実施しており、英語にアドバンテージを持つ生徒がさらに英語力を磨ける環境を整えています。

授業外の活動も活発で、数学オリンピックや模擬国連などに出場する生徒もいます。

また、夏期講習では対象学年を限定しない講座も用意していますが、特に数学科の複数の教員が担当する「リレー講座」には、毎年多くの生徒が参加します。

国際理解教育としては短期の海外研修プログラムが複数用意され、高校生になると長期留学に挑戦することも可能です。

欧米圏での研修だけではなく、数学の研究が盛んで、以前から本校との交流があるモンゴルの提携校を訪問するプログラムも実施しています。

2020（令和2）年に卒業した帰国生の一人がハーバード大学に進学してからは、進路として海外に目を向ける生徒も増えてきました。

共生・協働の精神を育む教育方針

教科書を基にした知識を身につけることはもちろん大切ですが、本校では将来生きていくうえで大切な共生、協働の力である「新しい人間力」を重視しています。

この教育方針を実現するために、中学1・2年生の校外学習「プロジェクトアドベンチャー」では、

9つの実験室で実験・観察の授業が思う存分できる（中1）

所在地：〒169-0072
東京都新宿区大久保 3-6-1
（JR「新大久保駅」徒歩5分）
TEL：03-3209-5880
URL：https://www.kaijo.ed.jp/

生徒たちが自分で考え、仲間と協力し、課題を乗り越える中で人間関係を構築する能力を学びます。

本校の卒業生にも共生、協働の意識が強く根付いており、卒業生が自ら後輩たちに向けた海外大学進路相談会の実施を提案してくれることもあります。

これは、自分の大学生活が充実していることだけで満足するのではなく、その経験を伝えることで、後輩たちにもより良い環境で学んでほしいという「利他」の精神の表れだと感じています。

海城生には、学力を高め、希望の進路を目指すのはもちろん、そのような知識吸収型の教育を超えた、将来につながる力を身につけてほしいと考えています。

多様な人との間に信頼関係を築き、世のため人のために能動的に働く力の育成に重点を置いて日々の教育を実践しています。

グローバル教育部　部長
岡崎《おかざき》 行則《ゆきのり》先生

帰国生入試に挑む皆さんへ

受験生の皆さんには、ぜひ自分なりのこだわりをもって勉強に取り組んでほしいと思っています。

問題が解けて満足するのではなく、そこに何かひっかかりを感じたら、調べて追究してみてください。「勉強を楽しむ」気持ちを持っていると、入学後の学習につながります。

本校の帰国生入試では、英語のエッセイや面接試験のスピーチを通じて、自分の考えを相手に明瞭に伝えられるかどうかという点に注目しています。

２０２４年度入試より英語の出題形式が一部変わります。従来エッセイ形式の問題が2題でしたが、エッセイ形式が1題、英文読解問題が2題となります。読解問題はいずれも多肢選択形式で語彙の目安としては英検準1級程度とご理解ください。

国語と算数の試験には変更はありません。算数では途中経過を書く問題を含みますが、全体的な出題傾向は一般入試に近いので、受験勉強では一般入試の過去問も活用してください。

面接試験でのスピーチは事前にテーマを提示しているため、十分に準備をする時間があると思いますので、話したい内容を効果的に伝える方法をよく考えて臨んでいただきたいと考えています。

本校には、教科書通りに学ぶだけではなく、自らの興味を刺激する機会が様々な場面で用意されています。能動的に学び、自分の可能性を広げたいという受験生の挑戦をお待ちしています。

入試情報

2024年度　帰国生入試情報

試験区分	帰国生入試
募集人数	30名
出願期間	2023年12月1日(金)～2023年12月15日(金)
試験日	2024年1月7日(日)
合格発表日	2024年1月8日(月)WEBで発表
選考方法	A方式：国語・算数・面接(日本語) B方式：国語・算数・英語・面接(日本語)

2023年度　帰国生入試結果

試験区分	帰国生入試	
募集人数	30名	
試験科目	A方式 (国語・算数)	B方式 (国語・算数・英語)
受験者数	122名	71名
合格者数	36名	18名

2023年度　大学合格実績

国公立大	合格者数
東京大学	43名
京都大学	7名
一橋大学	10名
東京工業大学	12名
国公立大学医学部合計	52名

私立大	合格者数
早稲田大学	143名
慶應義塾大学	111名
上智大学	37名
東京理科大学	119名
私立大学医学部合計	92名

※大学合格実績は全卒業生のもので、帰国生のみの実績ではありません。

サクセス動物園

#29 トド

体の大きさも食べ物もすむところも、みんな違うからおもしろい！ 生き物のさまざまな魅力を専門家の方に教えていただく「サクセス動物園」。今回は、“怖そうに見えるけど、実は穏やかな性格”の「トド」について、おたる水族館の角川 雅俊さんに教えていただきました。

※写真は全ておたる水族館提供

トド YES! NO! クイズ

記事のなかに答えがあります！

Q1 トドは魚を奥歯でよく噛《か》んで食べる。 YES! NO!

Q2 泳ぐときは、前肢《まえあし》を鳥が羽ばたくように動かして前進する。 YES! NO!

Q3 野生のトドは夏になると北海道周辺にやってくる。 YES! NO!

群れで回遊《かいゆう》するトドの姿

トドは、繁殖期《はんしょくき》となる初夏の間は繁殖地となるサハリンなどの寒い地域にすんでいます。その期間は、１頭のオスと数頭から十数頭のメスで「ハーレム」をつくります。８月から10月ごろになると繁殖地を離れ、過ごしやすい南の地域を目指して移動します。このように毎年決まった季節に一定の道筋を移動することを「回遊」といいます。おたる水族館のトドは、野生のトドが回遊してくる海を仕切っただけのプールにすんでいます。すぐ近くには、野生のトドが上陸する“トド岩”と呼ばれる島があり、多いときには100頭以上が休憩する姿を見ることができます。

分布：北太平洋沿岸（オホーツク海やベーリング海などのアラスカ周辺）
体長：オス：３メートル　メス：２～2.5メートル
体重：オス：800～1,000キログラム
　　　メス：300～400キログラム
※個体によって異なります

トドは、水温が低い海域の沿岸部（主に海のなか）に生息するほ乳類で、12～２月ごろにはエサを求めて北海道周辺にもやってきます。トドのように海に生息するほ乳類（イルカやクジラ、アザラシなど）は“海獣《かいじゅう》”と呼ばれています。海獣のなかでもトドのように肢《あし》がひれのようになっている動物は「鰭脚類《ききゃくるい》」に分類されます。トドは鰭脚類のなかで、アシカ・オタリア・オットセイと同じアシカ科に属し、アシカ科のなかで最大の体格を誇ります。

トド大図鑑

知っているようで、意外と知らない!?
トドの体のひみつや生態について、
角川さんにくわしく教えていただきました。

おたる水族館
角川《つのかわ》 雅俊《まさとし》さん

オス

メス

体の大きさ

トドはアシカ科のなかでも一番体が大きく、オスとメスの体格差も際立っています。5歳くらいで性成熟し、7〜8歳くらいでオスはメスの約3倍の体重になります。オスは首のあたりが太く厚みもあり、少し長めの毛が生えているため、ライオンのたてがみのように見えるのが特徴です。

秋限定イベント
『鮭は飲み物』

食事

野生のトドは、夜間に魚やイカ・タコ・カニなどを探して食べています。鋭い歯は水中で泳いでいる獲物を捕まえるために役立ちます。食べるときは、ほとんど噛まずに丸飲みしています。大人のオスが食べる量は1日に約25キロ※。おたる水族館では毎日5〜6種類の魚を与えています。

※体重500キロの場合。個体によって量は異なります。

前肢・後《うし》ろ肢《あし》

肢はひれのような形をしていて、力強い大きな前肢で上体を起こし、陸上動物と同じように4本の肢で歩きます。水中で泳ぐときは、前肢を鳥が羽ばたくように左右同時に動かして前進し、後ろ肢は方向転換するためだけに使います。

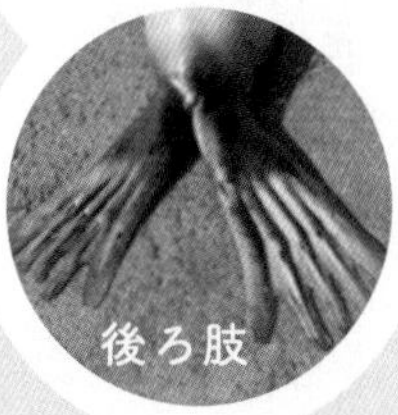

鳴き声

数キロ先にもとどろくようなトドの鳴き声。繁殖期にメスを誘ったり、他のオスに自分の縄張りを意識させたり、外敵の存在を仲間に知らせたりするときに声を出します。また、トドの母親が子どもに泳ぎ方を教えるときに、水の中で鳴いて子どもを誘導します。母親は自分の子どもの声を聞き分けたり、鋭い嗅覚で見つけたりすることもできます。

『おたる水族館がトドショーで伝えたいこと』

トドたちが切り立った岩に次々と登り、豪快なダイブを繰り広げるおたる水族館の『トドショー』。ショーは体格の大きいオスが担当するため、野生さながらの迫力を実感できます。前肢の強さをアピールする逆立ちや愛らしい一面を見られるのもショーの醍醐味です。

実は、野生のトドの数は減少傾向にあります。その理由は主に二つ。一つは、トドによる漁業被害を防ぐための駆除《くじょ》。そしてもう一つは、エサになる海の魚の減少です。角川さんは、これらの理由には共通する原因があるといいます。「海の環境が変化して生態系が崩れつつあるからこそ、トドと人間の生活範囲が重なり、トドがエサを求めて漁業領域までくることになります。海の環境を変えたのは、海辺に住む人だけではありません。都会に住む人も含めた人間の生活の変化が影響を与えているのです。ショーでは、『野生本来のトドらしさ』をお見せすると同時に、これらの問題についてもわかりやすくお伝えできるよう心掛けています」。

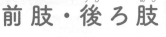

おたる水族館

“海獣公園”で会える鰭脚類の仲間

海獣は鯨類《げいるい》・鰭脚類《ききゃくるい》・海牛類《かいぎゅうるい》にわかれ、トドが属する鰭脚類は
「アシカ科」「セイウチ科」「アザラシ科」の三つに分類されます。
おたる水族館にすんでいる個性豊かな鰭脚類の仲間を紹介します。

セイウチ

- 耳　耳たぶなし(穴のみ)
- 歩き方　前肢で上体を起こし4本の肢で歩行
- 泳ぎ方　前肢・後ろ肢を両方使って前進

セイウチならでは

立派な2本の牙と400～700本のヒゲがある。
皮膚が分厚く、たるんでしわがある。

トド

- 耳　耳たぶ(耳介)あり
- 歩き方　前肢で上体を起こし4本の肢で歩行
- 泳ぎ方　前肢を同時に動かして前進（後ろ肢は方向転換するときのみ使用）

トドならでは

20～30本のヒゲがある。
オスとメスの体格差がある。オスは首の周りが太く、3センチほどの毛が生えている。

アザラシ

- 耳　耳たぶなし(穴のみ)
- 歩き方　肢を使わずお腹を伸縮させて移動
- 泳ぎ方　後ろ肢を左右に交互に振って前進（前肢は方向転換するときのみ使用）

アザラシならでは

オスとメスの体格差はほぼない。
首が短く、前肢が小さい。
体格はずんぐりとしている。

オタリア

- 耳　耳たぶ(耳介)あり
- 歩き方　前肢で上体を起こし4本の肢で歩行
- 泳ぎ方　前肢を同時に動かして前進（後ろ肢は方向転換するときのみ使用）

オタリアならでは

気性は荒いが、知能が高い。
アシカに比べ、耳たぶが短い。
鼻先が太く短い。

『海』がつく和名 生き物あてクイズ

トドは毛色が茶褐色《ちゃかっしょく》で海の中を泳ぐ姿が馬のように見えることから、「海馬（かいば）」とも呼ばれています。同じように、和名で「海」という漢字が使われる生き物は他にもたくさん。みんないくつわかるかな？

『海』＋動物

①［海驢］
②［海象］
③［海豹］
④［海豚］
⑤［海獺］

『海』＋天体

⑥［海月］
⑦［海星］

こたえは下にあるよ!!

INFORMATION

おたる水族館
https://otaru-aq.jp/

〒047-0047 北海道小樽市祝津3丁目303番地　TEL 0134-33-1400（代表）

北海道の大自然のなか、動物や魚たちが野生本来の生き生きとした姿で過ごしています。そのエネルギーを間近で感じることができる水族館です。

- ●開園時間／9：00～17：00（10月16日（月）～11月26日（日）は9：00～16：00）
  ※夜間延長・冬期営業 別途時間帯設定あり　※期間中は無休
- ●休 園 日／11月27日（月）～12月15日（金）
- ●入 園 料／大人（高校生以上） 1,800円、小人（小中学生）700円、幼児（3歳以上）350円
- ●アクセス／「JR小樽駅」下車。「小樽駅前バスターミナル」3番のりばより「水族館行」バス約25分。

※おたる水族館の企画・イベントについてはWebサイトをご確認ください。

ここも見どころ！

「言うことを聞かないペンギンショー」

野生に近いペンギン本来の魅力を絶妙なトークと共に楽しむことができます。

クイズの答え Q1：NO　Q2：YES　Q3：NO　生き物あてクイズの答え ①アシカ ②セイウチ ③アザラシ ④イルカ ⑤ラッコ ⑥クラゲ ⑦ヒトデ

ねえ、知ってる？

知ると誰かに話したくなる！

由来はなんだろう？ 食にまつわることわざ・慣用句《かんようく》

【クイズ】
次のことわざ・慣用句の□に当てはまる食べ物を、下のイラストから選んでください。
（※⑦は2か所の空欄に別々の食べ物が入ります）

① □をする
② □をよむ
③ □を濁《にご》す
④ □のぼり
⑤ 濡《ぬ》れ手で□
⑥ □にかすがい
⑦ □栗《くり》三年□八年

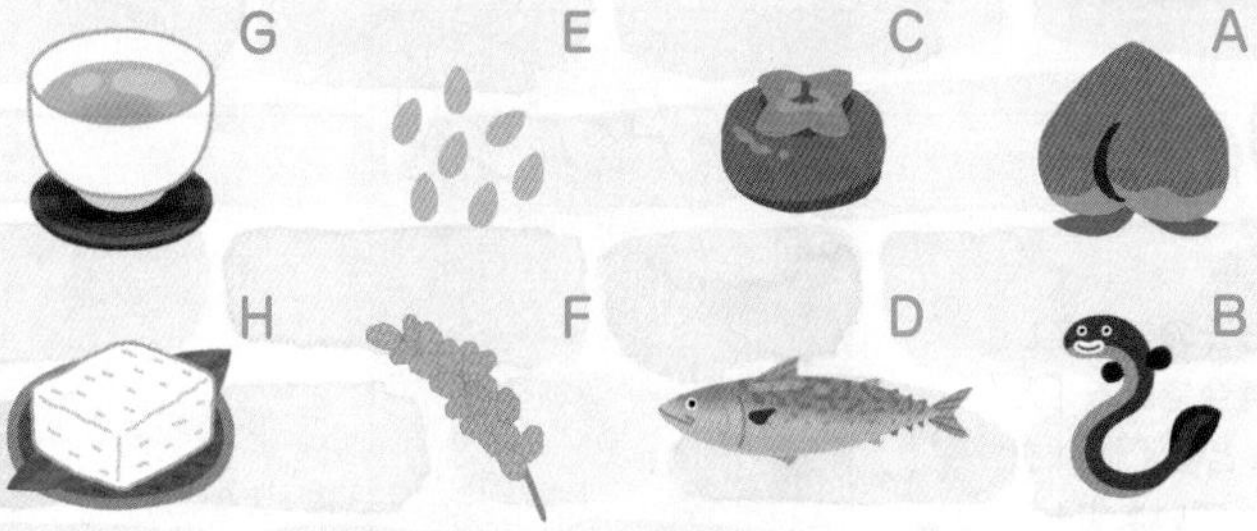

今回は、食にまつわることわざ・慣用句の由来について紹介します。

① ごまをする

すり鉢《ばち》でごまをすると、粒《つぶ》がくだけて次第に広がり、鉢の内側全体にくっつきます。この様子が、人にまとわりついてへつらう（気に入られるように振る舞う）姿に重ねられました。

意味 人にへつらってきげんを取り、自分の利益《りえき》をはかること。

② さばをよむ

さばは鮮度が落ちやすく傷《いた》みやすいため、昔は取り引きをするときに急いで数えていたそうです。その際に、得をするために適当な数を伝える人もいたことからこの表現が生まれました。

意味 自分の利益になるように数をごまかすこと。

③ お茶を濁す

ここでいう「お茶」は私たちが普段飲んでいるお茶ではなく、「茶道《さどう》」の作法に従って飲むお茶のこと。茶道では、お茶の立て方にさまざまな決まりが存在します。しかし、それをよく知らない人が、まるで知っているかのような態度でお茶をかき混ぜて濁し、その場を取りつくろったという話があります。

意味 いい加減な対応をして、その場をごまかしつくろうこと。

④ うなぎのぼり

うなぎは体の表面がぬるぬるしているため、つかもうとすると上にのぼってしまいます。また、海と川を行き来する回遊魚《かいゆうぎょ》で、どんな急流もさかのぼっていきます。このようなうなぎの特徴から生まれた言葉です。

意味 気温・物価・地位などがどんどん上がっていくこと。

⑤ 濡れ手で粟《あわ》

粟は粒がとても小さい穀物《こくもつ》の一種です。濡れた手で粟をつかむと粒が手にくっつくため、簡単にたくさんの量を取れることから生まれたことわざです。

意味 苦労しないで、多くの利益を得ること。

⑥ 豆腐《とうふ》にかすがい

かすがいは、木材をつなぐために使用される大釘《おおくぎ》のこと。それを豆腐のような柔らかい食べ物に打っても、何の効果もありませんよね。

意味 手ごたえや効き目《きめ》が全くないこと。「ぬかに釘」「のれんに腕《うで》おし」も同じ意味。

⑦ 桃《もも》栗三年柿《かき》八年

桃や栗は植えてから実がなるまでに約3年、柿に至っては約8年かかることから生まれた表現です。実はこのことわざは時代や地域によって違いがあり、「梅《うめ》」や「梨《なし》」、「柚子《ゆず》」を使った続きの句も存在します。

意味 何事も結果が出るまでには相応の年数がかかること。

食べ物の名前の入ったことわざ・慣用句があるのは日本だけではありません。アジア・ヨーロッパ・アメリカなど、世界各地に存在しています。「ロバにスポンジケーキ」「振りかけたパクチー」※……、これらは一体どのような意味でしょうか。気になったらぜひ調べてみてくださいね。

※海外のことわざ・慣用句の日本語訳は諸説あります。

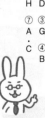

クイズの答え／
①E ②D ③G ④B
⑤F ⑥H ⑦A・C

小学生のころ

東大生が読んだ 忘れられないこの1冊

中学受験をした先輩たちは、小学生のときにどんな本を読んでいたのでしょうか？　早稲田アカデミー大学受験部にアシストスタッフ※として勤務する東大生に、小学生のころ読んだ思い出の本を紹介していただきました。もうすぐ「読書の秋」。気になる作品があったら、皆さんもぜひ読んでみてください！

※学習や進路の相談に応じる学生スタッフ

今の自分の趣味につながった

ミステリーといってもほんわかしたイメージの作品だったので、楽しく読むことができました。小学生の自分には、物語の舞台である「大学」という場所がとても新鮮でした。この作品でなんとなく憧れを抱いたのか、実は今、東京大学の「落語研究会」に入っています！

Aさん 開成中高 ➡東京大学（農学部・3年）

大学受験部
御茶ノ水校 勤務

今勉強している分野、興味がある分野

「荒廃した森林をよりよく管理することで、気候変動など環境問題の解決に役立てていく」という研究に興味を持っています。

オチケン！
著：大倉崇裕
713円（税込）
PHP文芸文庫
※現在電子書籍のみ販売

大学に入学早々、廃部の危機に瀕したオチケン（落語研究会）に入部させられた越《お》智《ち》健一《けんいち》。強烈な個性の先輩二人に振り回され、授業もまともに出られない。あげくはサークル間の部室争奪をめぐる陰謀に巻き込まれることになり……。

マジック・ツリーハウスシリーズ
著者：メアリー・ポープ・オズボーン
訳：食野　雅子
第50巻 924円（税込）
※巻によって異なります
KADOKAWA

全米で大ベストセラー、日本でも563万部突破！　アメリカに住むジャックとアニーの兄妹が、ある日、森の木の上にある不思議な小屋を発見。この小屋からあらゆる時代にタイムスリップし、スリルいっぱいの体験をしながら、さまざまな冒険をしていきます。

知らない世界を想像してワクワクできる！

読み始めたきっかけは、全巻集めていた友達に貸してもらったこと。時間を超えて世界中を旅する物語に、とてもワクワクした気持ちになりました。私は今でも、自分が行ったことのない場所に対する好奇心が強いので、「このころから変わってないな」と思います。

Bさん 渋谷教育学園渋谷中高 ➡東京大学（経済学部・4年）

大学受験部
たまプラーザ校 勤務

今勉強している分野、興味がある分野

現在は「計量経済学」のゼミに所属し、公共経済の実証データ分析に取り組んでいます。

気が付くと何度も手に取っていた

家の本棚にあって、何度も繰り返し読んでいました。正直に言うと、当時どうして何度も読んだのか、どこが好きだったのかはあんまり覚えていません。おそらく、固定観念にとらわれてしまう大人を風刺する内容に対して、子どもながらに感じるところがあったんだと思います。

Cさん　東京都市大付属中高

大学受験部
御茶ノ水校 勤務

➡東京大学（工学部・3年）

今勉強している分野、興味がある分野

生命工学※を社会で利用できるようにアプローチする学問に取り組んでいます。

※進化の過程で洗練された生体内のシステム

コートニー［新版］

作：ジョン・バーニンガム
訳：谷川俊太郎
1,980円（税込）
ほるぷ出版

だれもほしがらない、雑種でじいさんいぬのコートニー。でもコートニーはすてきだよ。うちが火事になったときだって、逃げおくれた赤ん坊を助け出してくれた。なのに、ある日とつぜんコートニーは姿を消してしまったんだ……。

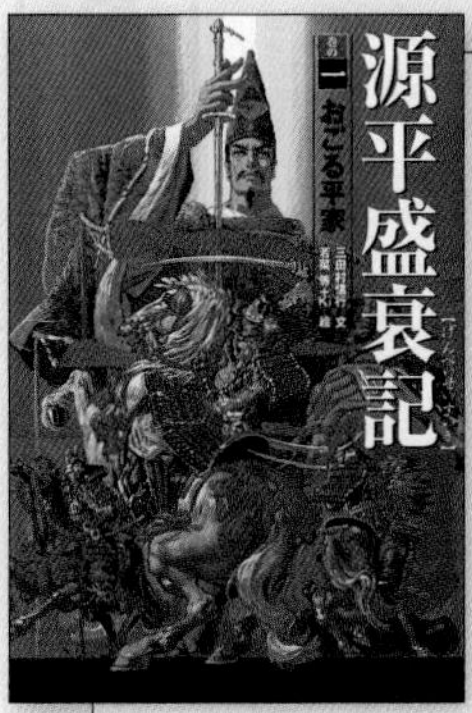

源平盛衰記（全3巻）

文：三田村　信行
絵：若菜　等＋Ｋｉ
ポプラ社
※図書館などで読むことができます。

京の都で権力をほしいままにする平清《たいらのきよ》盛《もり》。いっぽう戦いにやぶれ、伊豆に流される源頼朝《みなもとのよりとも》。歴史上のヒーローが勢ぞろいした、冒険活劇物語。平家の繁栄から滅亡までを描く圧倒的なおもしろさの古典読み物です。

「歴史好き」「古典好き」な自分をつくった作品

当時受験勉強でよく読んでいた文章とは違って、圧倒的にエネルギーに満ちた作品でした。迫力ある戦いのシーンや武士たちの激情が鮮やかに描かれていて、衝撃を受けました。今の自分をかたちづくった本の一つだと思います。

Dさん　桜蔭中高

大学受験部
国分寺校 勤務

➡東京大学（文科三類・2年）

今勉強している分野、興味がある分野

東洋史学。中国文化圏の伝播や相互の影響、日本での需要について学びたいです。

「金融」に興味を持つきっかけに

主人公が「顧客第一」の姿勢で敏腕を振るい、企業買収を阻止する姿にワクワクしました。ビジネスを舞台にした作品を読んだのは初めて。「金融」という職業に憧れを抱いたのは、思えばこのときだったのかもしれません。

Eさん　開成中高

大学受験課
勤務

➡東京大学（文科二類・2年）

今勉強している分野、興味がある分野

金融や経営に興味があり、3年からは経済学部に進む予定です。サークルでも企業分析を行っています。

ロスジェネの逆襲

著：池井戸潤
770円（税込）
文春文庫

半沢直樹、出向！ あのドラマの続きが読める！
子会社の証券会社に出向した半沢に舞い込んだ巨額の案件を親会社が横取り。「倍返し」を決意した半沢はIT業界を舞台に反撃に出る。

早稲田アカデミー 大学受験部

個性あつまれ!

みんなのパレット

アイデア・作品 大募集!

今回の募集《ぼしゅう》テーマ

「変身する逆さ熟語」を探せ!

二字以上の漢字の組み合わせで、一つの意味を表す「熟語」。個性、作品、今回、募集……。この記事のなかにも、たくさんの熟語が使われていますね。

二字熟語のなかには、上下の漢字(一つ目の漢字と二つ目の漢字)を入れ替えても意味が通じるものがあります。例えば、「左右」と「右左」は同じ意味。また、「習慣・慣習」「奇怪・怪奇」なども、ほぼ同じような意味になります。ところが、このような「逆さ熟語」のなかには、文字を入れ替えることで意味が大きく変わってしまうものもあります。例えば「人名」は「人の名前」という意味ですが、上下を入れ替えて「名人」にすると、「(技などが)特に優れた人」という意味になります。また、「素質」という熟語は「生まれつき備わっていて、将来が期待できそうな特別な性質」という意味ですが、逆さにすると「質素」。「ぜいたくをしない、つつましい様子」と、全く別の意味になるのです。

今回は、これらのような「変身する(意味が変わる)逆さ熟語」を、皆さんに見つけてもらいたいと思います!

条件は、「文字を入れ替えると別の意味になる二字熟語」「入れ替える前も入れ替えた後も、きちんと意味が通じること」の2点です。本にも、教科書にも、それからこの『サクセス12』にも……「変身する逆さ熟語」は、きっとたくさんひそんでいるはず。発見した「逆さ熟語」を、ぜひ教えてください!

作品を送るには…

FAX送信用紙を使う場合

142ページの「FAX送信用紙」に、
①見つけた「逆さ熟語」
②ペンネーム
を記入して、FAXもしくは郵送で送ってください。

はがきを使う場合

①・②とともに、郵便番号・住所・電話番号・氏名・学年を記入してください。

FAX送信用紙・はがきの送り先・投稿〆切

左ページ「プレゼントの応募方法欄」と同じです。

こんなアイデア届きました!

7・8月号のテーマ「あるなしクイズ」をつくってみよう

第1問
ヒント 「ある」の言葉には何かが隠されているよ。

ある	ない
着物	Tシャツ
モモンガ	トラ
青空	くもり
ギンヤンマ	人間

(小5・カラフル)

第2問
ヒント 「ある」の漢字には、ある共通点が……。

ある	ない
石	砂
秋	春
和	洋
山	谷
新	古

(小5・カンクロ)

答えは左ページ下部です。

クイズ

クロスワードを解いて、□の文字を並べ替えてみよう。どんな言葉になるかな？
答えは1枚めくったFAX送信用紙に書いて、送ってね！
（はがき・封書・二次元コードリーダーからでも構いません）

正解するとプレゼントがもらえるかも！

1 □	■	3	4 □	
7	2 □			■
8			■	6
■	9	□	5	
10 □		■	11	

■たて

1.「○○○い」は水をはじくこと。漢字では「撥水」と書くよ。
2. ベッドや布団ではないところで横になり、思わずうとうと眠ってしまうこと。座ったままだと、居眠り。
3.「雑誌」を英語でいうと？
4. 威厳や重みがあること。「王者にふさわしいかん○○がある」。
5. 2024年夏季オリンピックの開催地は「○○」。
6.「百に一つ足りない」という意味の「九十九」の読み方。

■よこ

3.「栗」を丸ごと砂糖で煮詰めたお菓子は「○○○グラッセ」。
7.「○○○○ろ」は、各学校が学校保健法に基づいて決める、生徒が安全に学校に通うための道路。
8.「サッカーを観にいくと、○○○アムは熱気に包まれていた」。
9. 三大栄養素といえば「○○○○質」「脂質」「炭水化物」。
10. 秋に田んぼで実るのは「○○」の穂。
11.「ま○○」は藻の一種。北海道の阿寒湖が産地として知られています。

● 7･8月号の答え／カブトムシ

編集室のつぶやき

▶暑さのせいか、今年の夏はカブクワの数が少ないように感じました。クワガタは例年10月頃まで捕れるので、これからも時間を見つけて探しにいこうと思います。また数は少ないですが、カブトムシも卵を産んでくれたので、来年の夏に向けて育てていきます。（TK）

▶先日、数年ぶりに国会図書館に行きました。昔は面倒な手続きをしなければ見られなかった資料が続々とデジタル化され、図書館に行かずとも閲覧できるようになっていてびっくり！　食堂のカレーは変わらずおいしかったです。（TH）

▶読書の秋、食欲の秋、そして、スポーツの秋が訪れますね。よかったらぜひ、ボールを床に落としてはいけない競技「バレーボール」をやってみてください。一つのボールを全員で協力してつなぐ経験は、きっとかけがえのないものになるはずです。（KS）

▶秋といえば私は「観劇の秋」。夏から冬にかけての季節の深まりが、感動の余韻をより深くするように感じます。作品のメッセージや背景について考えたり、実際に物語の場所を訪れたり、秋は作品に宿る世界を楽しむのにぴったりの季節です。（SK）

▶中秋の名月には、必ず上新粉でお団子をつくり、秋の収穫物と一緒に飾っています。このお団子を15個キレイに積むのが、本当に難しいのです！　試行錯誤しても、満足にできた試しがほとんどありません。今年の中秋の名月は9月29日……頑張ります。（NF）

プレゼント

クロスワード正解者のなかから抽選で以下の賞品をプレゼント！！

A賞　ハウスタディ 学習パーティション　2名様
（ナカバヤシ株式会社）

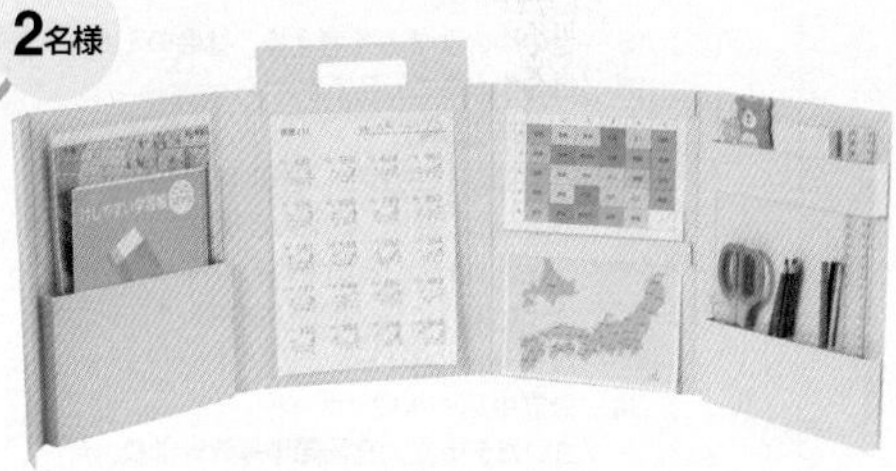

自分だけのスペースを作れる学習パーティション。使わないときはすっきり収納でき、持ち運びに便利な取っ手付き。

B賞　かさばらない バッグインバッグ「フラッティ」　5名様
（キングジム）

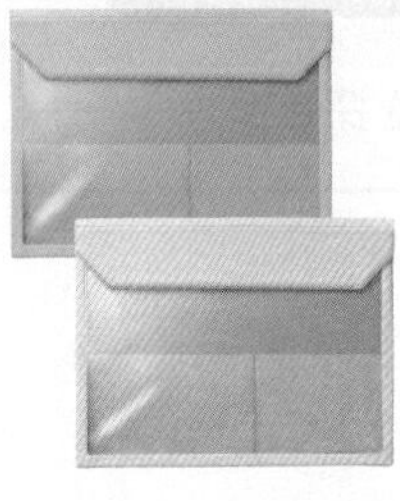

カバンの中の小物類をすっきりとまとめられる、収納性と軽さ・薄さを併せ持ったA4サイズのバッグインバッグ。
※全5色。色は選べません。

C賞　ケプト ルルマーカーセット　7名様
（レイメイ藤井）

転がりにくいスクエア型のマーカーセット。落ち着いたニュアンスカラーの6色入り。

※画像はイメージです。

プレゼントの応募方法

●FAX送信用紙で
裏面にあるFAX送信用紙に必要事項をご記入のうえ、下記FAX番号にお送りください。
FAX.03-5992-5855

●二次元コードリーダーで
スマートフォンなどで右の画像を読み取り、専用の入力フォームからお送りください。

●ハガキ・封書で
クイズの答えと希望賞品、郵便番号・住所、電話番号、氏名、学年、お通いの塾・校舎をご記入いただき、下記宛先までお送りください。右ページのアイデアや『サクセス12』への感想もお待ちしています。
宛先／〒171-0022 東京都豊島区南池袋1-16-15 ダイヤゲート池袋9F
早稲田アカデミー本社コミュニケーションデザイン部 『サクセス12』編集室

【個人情報利用目的】ご記入いただいた個人情報は、プレゼントの発送およびアンケート調査の結果集計に利用させていただきます。

【応募〆切】2023年9月22日（金）（郵送の場合は同日消印有効）
当選者の発表は、プレゼントの発送をもってかえさせていただきます。

サクセス12　9・10月号　vol.104

編集長
喜多　利文

編集スタッフ
細谷　朋子
島田　果歩
小泉　彩子
古谷　七重

企画・編集・制作
株式会社 早稲田アカデミー
『サクセス12』編集室（早稲田アカデミー内）
〒171-0022 東京都豊島区南池袋1-16-15

FAX送信用紙 **FAX.03-5992-5855** FAXの番号をお間違えのないようお確かめください

クイズの答え						希望賞品（いずれかを選んで○をしてください） A賞 ・ B賞 ・ C賞

氏名（保護者様）

氏名（お子様）　　学年

現在、塾に

通っている　・　通っていない

通っている場合
塾名

（校舎名　　　　　）

住所（〒　　-　　）

電話番号

（　　　）

面白かった記事には○を、つまらなかった記事には×をそれぞれ3つずつ（　）内にご記入ください。

- （　）04 首都東京の安全・安心を守る、『警視庁通信指令センター』
- （　）08 Premium School 桐朋中学校
- （　）16 世の中のなぜ？を考える　社会のミカタ
- （　）18 世の中まるごと見てみよう！
- （　）20 お仕事見聞録 三菱鉛筆株式会社　吉田 和則さん
- （　）24 ちょっと深掘り　日本の昔話
- （　）26 Close up!!　青山学院横浜英和中学校
- （　）30 のぞいてみよう　となりの学校 淑徳与野中学校
- （　）34 公立中高一貫校リポート さいたま市立大宮国際中等教育学校
- （　）40 ようこそ　サクセス12図書館へ
- （　）44 子どもを伸ばす子育てのヒント㊻ 子どものわがままを大事にしよう！
- （　）48 親の悩み 子どもの本音
- （　）50 シリーズ　ドラえもんでわかる 子どもの人間関係を育む方法④
- （　）52 子育ての参考書 『犯罪心理学者は見た危ない子育て』
- （　）54 親子でココロとカラダに効く呼吸法 たまった疲れをはきだす「トカゲのポーズ」
- （　）55 子どもたちは今　保健室より
- （　）56 ココロのインタビュー はしのえみ［タレント］
- （　）72 森上展安の中学受験WATCHING
- （　）80 疑問がスッキリ！　教えて中学受験
- （　）86 NEWS2023「生成AI」
- （　）92 親子でやってみよう　科学マジック
- （　）96 熟語パズル
- （　）104 私立中学の入試問題にチャレンジ
- （　）128 福田貴一先生の福が来るアドバイス
- （　）130 これ、ナンだ！？
- （　）132 海外生・帰国生に関する教育情報
- （　）134 サクセス動物園　トド
- （　）137 由来はなんだろう？ 食にまつわることわざ・慣用句
- （　）138 東大生が（小学生のころ）読んだ忘れられないこの1冊
- （　）140 個性あつまれ！　みんなのパレット
- （　）141 クイズ・プレゼント

※封書での郵送時にもご使用ください。また、以下が空欄でも、クイズの答えがあればプレゼントには応募できます。

「みんなのパレット」アイデア・作品大募集!!

「変身する逆さ熟語」を探せ！

文字を
入れ替えると……？

（ペンネーム　　　　　）

サクセス12の感想

中学受験　サクセス12　9・10月号2023
発行／2023年8月31日 初版第一刷発行
発行所／（株）グローバル教育出版 〒101-0047 東京都千代田区内神田2-4-2　一広グローバルビル3F
編集／サクセス編集室 電話03-5939-7928

【個人情報利用目的】ご記入いただいた個人情報は、プレゼントの発送およびアンケート調査の結果集計に利用させていただきます。

品川女子学院

LINE 公式アカウント

「お友だち追加」で
学校説明会等の詳細や
最新情報を配信します

オープンキャンパス
［要予約］

11/25（土）

14:00 ～ 17:00

白ばら祭（文化祭）
［要予約］

9/17（日）

9/18（祝）

9:00 ～ 15:00

世界は多様性を必要としています。

品川女子学院で育てたい力
起業マインド
解決に向けて一歩を踏み出す
社会の問題を発見する
多様な人を巻き込む
他者の立場や考えから影響を受けながら感情的にならずに自分の意見を改善する力。自分の視野を広げようとする力。
自己の行動を自発的に分析し、将来の目標に向けた行動を選択できる力。自分を知り、自律する力。
共感力
内省力
問題発見力
発信力
身近な興味関心をもとに社会と関わる動機を持ち、観察や調査を通じて根本的な問題を仮定し、推論できる力。
自分の意見やアイデアを提案し、他者に影響を与える力。
基礎学力
活動のよりどころとなる知識・教養。
© SHINAGAWA JOSHI GAKUIN Junior & Senior High School.All Rights Reserved.

	帰国生	第１回	算数１教科	第２回	表現力・総合型
試験日	11月12日	2月1日	2月1日午後	2月2日	2月4日
定員	とくに定めず	90名	20名	60名	30名
試験科目	国語 算数 面接	4科目 国語・算数 社会・理科	1科目 算数	4科目 国語・算数 社会・理科	４科目 表現力 総合型

品川女子学院
SHINAGAWA JOSHI GAKUIN

〒140-8707　東京都品川区北品川 3-3-12

TEL. 03-3474-4048　FAX. 03-3471-4076